第三次世界大戦
日本はこうなる

池上 彰

JN067313

SB新書
609

ロシア
中国
北朝鮮
韓国
日本
台湾
臨時ニュースです！

速報です
速報
ロシア軍、北海道に軍事侵攻
臨時ニュースです
中国軍、台湾攻撃
新しいニュースです
北朝鮮、核ミサイル発射

総理、自衛隊出動命じる
なに？
え？
なになに？
戦争？
カラオケ
カラオケ
COFFEE
忠犬ハチ公

アメリカが守って
くれるんじゃね？
第三次世界大戦突入
COFFEE
日本戦争
すんの？

自衛隊って戦えるの？
日本はだれが守るの？
クスリ
〇〇書店

第三次世界大戦
日本はどうなる?

はじめに

「あってはならないこと」だが「ありえないこと」ではない

第三次世界大戦というタイトルは、ドキッとしますね。危機を煽《あお》っているように聞こえてしまうかも知れませんが、いま必要なのは、「想定外」という言葉を発しないで済むことです。そのために第三次世界大戦を考えることも必要なのです。

2022年2月のロシアによるウクライナへの軍事侵攻は、世界の多くの国にとって想定外でした。しかし、アメリカは前年からロシア軍がウクライナ侵攻の準備を進めていると世界に注意を呼びかけていました。ロシア軍の侵攻は想定内だったのです。

第三次世界大戦はあってはならないことです。でも、「あってはならないこと」と考えているうちに、いつしか「ありえないこと」と考えるようになってしまい、備えがなくなってしまうことは、ありえるのです。

起きてほしくないし、あってはならないことであっても、事前にさまざまな状況を想定しておくことが必要なのです。

第一次世界大戦も第二次世界大戦も、初めから「世界大戦になる」と考えられていたわけではありません。想定外の出来事が相次ぎ、気が付いたら世界大戦に発展していたというわけです。

ロシア軍によるウクライナ侵攻は、いまのところは戦場がウクライナに限定されていますが、これからどうなるかわかりません。ウクライナにしてみれば、ロシアに奪われた領土を奪還するのは「正義の戦い」です。しかし、その戦いがクリミア半島奪還に向けて進展すると、ロシアにとっては「2014年にようやく取り戻すことができた領土がウクライナによって奪われてしまう」という思いになります。今度はロシアが「領土死守」というスローガンを掲げやすくなります。

ウクライナ周辺の各国も気になります。かつてウクライナの一部が自国の領土だったポーランドは、ウクライナでの戦いを我がことのように受け止めて支援を惜しみません。しかし、ロシアにしてみれば、「自国の戦争にポーランドが介入した」と受け止めるかもしれません。

あるいは、ベラルーシはどう動くのか。モルドバは……と視野を広げていくと、紛争の種はあちこちにくすぶっています。かつてのソ連圏だったアルメニアとアゼルバイジャンの紛争も再燃しています。両国は、ソ連崩壊前後から紛争が続き、ロシア軍が重しになることで紛争が抑止されていましたが、ロシアの力が弱まったことで緊張が高まりました。

日本にとって気になるのは、中国と北朝鮮の動向です。中国の習近平国家主席は、台湾を併合したいと熱意を燃やしています。中国共産党総書記として異例の三期目に突入し、独裁体制を確立しました。もし習近平が台湾侵攻を命じても、国内でブレーキをかける勢力は存在しないのです。

いま中国は、ウクライナでの戦況を注視しています。ウクライナを支援する国がどれだけあり、どれだけ経済制裁が実施されるのか見定めています。将来、台湾に軍事侵攻したときに、世界がどんな反応を示すか知っておきたいからです。

果たして中国は台湾侵攻に踏み切るのか。中国建国の父・毛沢東には有名な言葉があります。「権力は銃口から生まれる」。つまり軍事力があってこそ権力を掌握できるという意味です。習近平は、この言葉をどう受け止めているのでしょうか。

しかし、軍事侵攻すれば、世界の反発を買い、経済は大打撃を受けます。それを考えれば、いまの習近平の戦略は「孫子の兵法」である「戦わずして勝つ」ということでしょう。今後も台湾に対して硬軟両様のアプローチをかけ、台湾が共産党に親近感を抱く国民党政権に交代するのを待つ方針を取るでしょう。しかし、それが実現しなかった場合、軍事侵攻は具体的なオプションになります。もし台湾に侵攻したら、米軍が沖縄から台湾防衛に出動します。中国は、米軍の出撃拠点を叩こうとするでしょう。結果、日本は否応もなく中国との戦争になってしまいます。

そして北朝鮮のミサイル開発も心配です。朝鮮半島の有事も、日本の安全保障に直結するからです。

日本は明治維新から第二次世界大戦の敗戦までが77年でした。それから戦後77年経ったのが、2022年でした。これまで私たちは「戦後○年」という表現を使ってきましたが、今後は第三次世界大戦の「戦前」だと称されるようになるかも知れないのです。戦後がいつまでも戦後であり続けること、戦前と呼ばれないようにするには、どうしたらいいのか。そんなヒントになれば幸いです。

この本はテレビ朝日系列で放送されている「池上彰のニュースそうだったのか!!」の内容をベースにしながら、その後の状況などを加筆して完成しました。完成に当たっては、編集者の美野晴代さんの尽力がありました。感謝しています。

2023年3月

ジャーナリスト　池上　彰

もくじ　『第三次世界大戦　日本はこうなる』

第2章 北朝鮮のミサイル発射

第3章 中国の海洋進出と台湾有事

第4章 ロシアのウクライナ侵略

第5章 戦争を止めることはできない⁉ 国連の仕組み

第1章

国家の安全を守る要、軍事同盟

■日本が侵略される可能性、戦争に巻き込まれる可能性

ロシアのウクライナ侵攻は長期化の様相を見せ、なかなか終わりが見えません。アメリカやヨーロッパの国々は、ウクライナに大量の武器や兵器を送って支援してきました。しかし、いまだにロシア軍を撤退させることができず、ウクライナ軍は困難な戦いを強いられています。

ウクライナ侵攻が始まった当初、アメリカが軍隊を派遣してロシア軍と直接戦うかどうかに注目が集まりました。これについてバイデン大統領は「軍隊は派遣しない」と明言。理由は「第三次世界大戦になるから」というものでした。

一方のロシアは、プーチン大統領が核兵器の使用をほのめかしています。もしロシアが本当に核兵器を使ったら……。考えたくないシナリオですが、その時はアメリカが報復核攻撃を行う可能性があります。そうなったら核大国同士が戦うことになり、どんな結末になるかは誰にも予測できないでしょう。

「核戦争に勝者はない」といわれるにもかかわらず、核兵器の使用を示唆するロシア。

ロシアが侵略したのはヨーロッパ方面のウクライナですが、極東方面では戦後77年以上も北方領土の不法占拠を続けてきました。最近は北方領土を含む地域でたびたび軍事演習を実施し、日本との平和条約交渉も一方的に中断を発表しています。

こういう状況を見て、「ロシアは何をするかわからない。ひょっとしたら日本に攻めてくるのではないか」と心配している人は多いかもしれません。核兵器を脅しに使い、平気で他国を侵略する国と日本は国境を接しているわけです。不安に思う人が増えるのも当然です。

日本に迫る脅威はロシアだけではありません。北朝鮮は2022年に入って1月だけで7回もミサイルを発射、9月25日から10月28日にかけては計8回、13発の弾道ミサイルを発射しています。浜田靖一《やすかず》防衛大臣は、日本を射程に収める北朝鮮の弾道ミサイルについて、「核兵器を搭載し、攻撃するための小型化、弾頭化をすでに実現しているとみられる」と発言、強い危機感を表明しました（22年10月13日、衆議院外務、安全保障など3委員会による連合審査会）。また2017年9月以来、7回目となる核実験も、いつ行われてもおかしくないといわれています。

経済面で日本と結びつきが強い中国も、今では日本の安全を脅かす存在です。軍事大国化した中国は、沖縄県の尖閣諸島を自国の領土と主張し、中国の船が頻繁に日本の領海に侵入しています。

中国に関しては「台湾有事」も心配の種です。万が一、中国が台湾に武力侵攻するようなことがあれば、米中間の戦争に日本が巻き込まれる可能性が高いからです。

恐ろしいのは、ロシア、北朝鮮、中国の3カ国は、いずれも核兵器保有国だということ。「日本を取り巻く安全保障環境は非常に厳しいものがある」とよく言われるのは、このためです。

■日本の安全はどうやって守るの?

誰もが「まさかそんなことはしないだろう」と思っていたのに、ロシアは隣国ウクライナに侵攻しました。それを考えると、日本の周辺でも、いつ何が起きても不思議はありません。

でも、本当にそんなことが起きたら一大事です。そこで、日本の安全保障は一体どういう仕組みになっているのか、これについて解説することにします。

まずロシアのウクライナ侵攻で注目を浴びたＮＡＴＯの説明から始めましょう。

ロシア軍がウクライナの北部、東部、南部の３方向から一斉に侵攻を始めたのは２０２２年の２月24日でした。きっかけは、ウクライナがＮＡＴＯに入りたいと言ったことです。

ＮＡＴＯは、ヨーロッパ諸国を中心にアメリカ、カナダの30カ国で構成され、正式名称を北大西洋条約機構といいます。ウクライナがＮＡＴＯに入るということは、逆に言えば、ロシアとは距離を置くということです。これを知ったロシアのプーチン大統領は激怒しました。

ウクライナはヨーロッパの一員になりたかったのですが、ロシアにとっては簡単に認められるような話ではありません。ロシアとウクライナは兄弟国といわれ、ロシアからすれば、自分たちが兄でウクライナが弟という関係だと思っています。ロシアから見たとき、ウクライナは自分たちの影響が及ぶ重要な国です。そのウクライナがロシアを離れてヨーロッパ側に行く。そんなことは絶対に許されないというのがプーチン大統領の考えでした。

ウクライナも、ヨーロッパの一員になれば、反発したロシアに何をされるかわからないと恐れました。NATOへの加盟を望んだのはそのためです。ウクライナ一国では自分の国を守ることはできませんが、NATOに入ればアメリカをはじめとする加盟国に守ってもらえると考えたのです。

■ウクライナはNATOに入っていなかった

では、ここで問題です。

NATOのような集まりを漢字2文字で何と言うでしょうか。

答えは同盟。軍事同盟とも言いますね。安全保障のために仲間を募《つの》り、その仲間と一緒に集団で守ろうというものです。

北欧のスウェーデンやフィンランドは、これまで中立国として知られていました。

自分の国は自分で守るということで、NATOには加盟しないという立場をとってきましたが、今回、ロシアの侵略を目の当たりにして態度を変えました。

両国とも「ウクライナはNATOに入っていなかったからロシアに攻められた。安全保障のためにはNATOに入って自分たちの国を守ったほうがいいのではないか」と考える人が急増し、2022年5月にNATOへの加盟を申請。7月にはNATOの30カ国全てが両国の加盟を認める議定書に署名しました。

現在、全加盟国が国内で承認の手続きを進めており、それが終わればスウェーデンとフィンランドの正式加盟が実現します。

■同盟とはどんな約束をする?

同盟を組むときはどんな約束をするのでしょうか。同盟について明確な定義があるわけではないのですが、一般論として次のようなことが言えます。

①有事の時に軍事的に協力し合う約束をする。

②その際、軍隊が出動するだけにとどまらず、兵器の供与や経済的な支援も行う。

こういったことを、あらかじめ仲間同士で取り決めておきます。

同盟を組むのは、自分の国と仲間の国々の安全を守る、言い換えれば他国から攻撃を受けないようにするのが目的ですが、それでも攻撃されることはあります。もし仲間の国が攻撃されたときは、事前の約束に従って戦わなければなりません。

戦後77年以上経つなかで、その間に軍事同盟の加盟国が戦争に協力した例があるのをご存じですか。

ヒントは21世紀初めの大事件です。こう言えばわかりますよね。そう、2001年に起きた9・11米同時多発テロです。

アメリカの旅客機4機をハイジャックしたイスラム過激派のテロリストたちが、旅客機もろともニューヨークの世界貿易センタービルやワシントンDC郊外の国防総省本部庁舎などに突っ込み、約3千人の死者を出しました。

この日、アメリカは大規模なテロ攻撃を受けたわけです。ところが、アメリカはNATO（当時19カ国が加盟）に入っています。

「同盟」とはどんな約束をするのか

同盟
有事の時に軍事的に協力し合う
軍隊の出動だけじゃなく
兵器の供与や経済的支援も

ＮＡＴＯの仕組みは、そのうちの１カ国でも攻撃を受けたら全ての加盟国が攻撃されたものとみなして、みんなでその国を守りましょう、一緒に戦いましょうというものです。

アメリカは直ちに個別的自衛権を行使して対テロ戦争を開始します。

ＮＡＴＯに加盟する他の国々も、集団的自衛権を行使してアメリカによるアフガニスタン攻撃に部隊を派遣したり、タリバン政権が崩壊した後のアフガニスタンの治安維持に協力したりして、アメリカの戦争に協力しました。

■日本が軍事同盟を結んでいる国は？

日本はＮＡＴＯには加盟しておらず、日本が軍事同盟を結んでいるのはアメリカです。よく日米同盟という言い方をしますね。

この日米同盟の約束事を定めたのが日米安全保障条約です。

日本は第二次世界大戦で降伏した後、１９５１年９月８日に連合国48カ国とサンフランシスコ平和条約を結んで正式に戦争を終わらせました。それと同じ日にアメリカとの間で結んだのが旧日米安全保障条約です（どちらも発効は翌年４月28日）。

しかし、この時結んだ安保条約は、アメリカ軍を日本に駐留させることに重点があり、アメリカが日本の安全を守ることについては明確な規定がありませんでした。とても対等な条約とは言えなかったのです。

そこで１９６０年の安保改定で内容が一新されます。改定の結果、日本がアメリカ軍に基地を提供する代わりに、アメリカには日本防衛の義務があることが明記され、より対等な条約に生まれ変わりました。これが現在の日米安全保障条約です。

アメリカが結ぶ主な軍事同盟

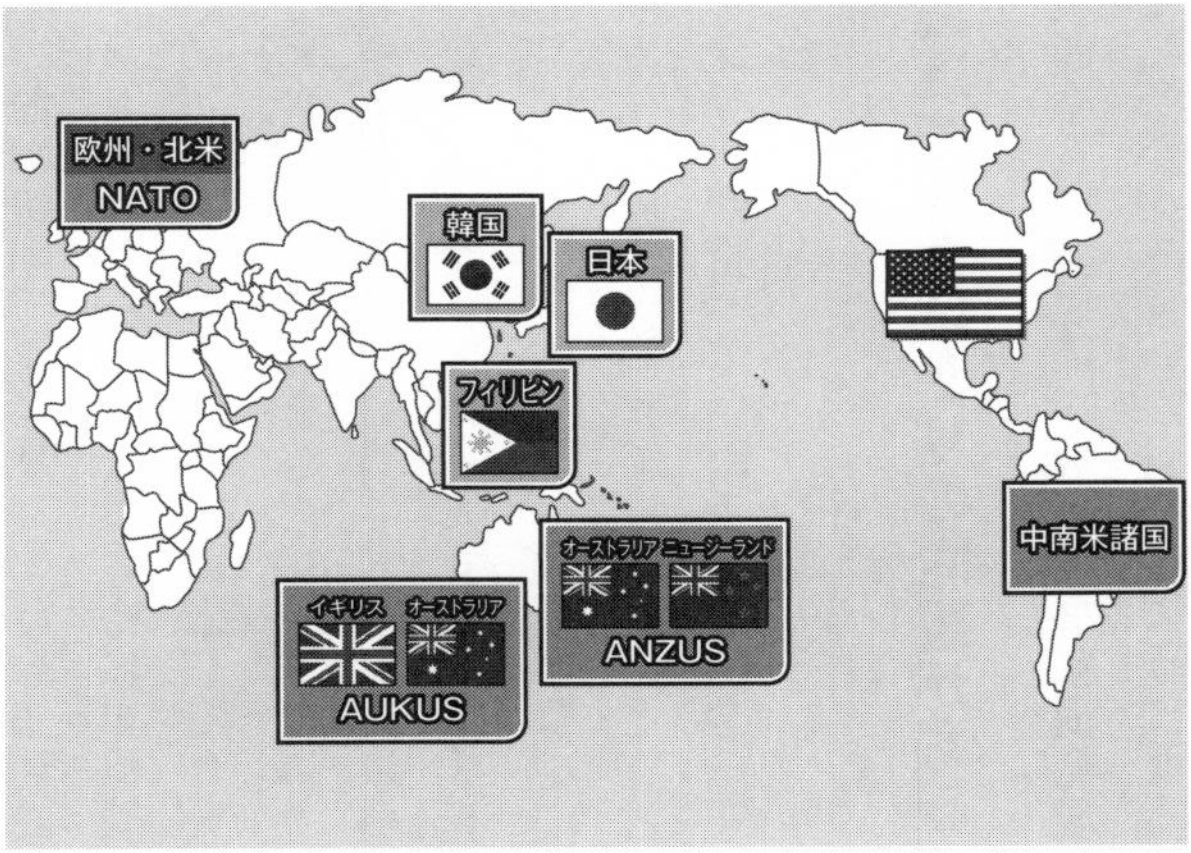

アメリカは同盟を増やして「世界の警察官」に

アメリカは、日本以外にもたくさんの国と同盟を結んでいます。

規模が大きいのは、先に挙げた北米とヨーロッパ諸国が結んでいるNATOです。あまり知られていませんが、アメリカは中南米諸国とも軍事同盟を結んでいます。

ANZUS（アンザス）は、アメリカ、オーストラリア、ニュージーランド3カ国の軍事同盟。AUKUS（オーカス）は、アメリカ、オーストラリアにイギリスを加えた軍事同盟です。

その他、韓国、フィリピンとも個別に軍事同盟を結んでいます。

アメリカはこうやって世界中に軍事同盟の輪を広げることで、様々な戦争や紛争を未然に防ぎ、あるいは必要に応じて介入するということを、ずっとやってきたのです。おかげでアメリカは頼もしい存在とみなされ、以前はよく「世界の警察官」と呼ばれていました。

ただ、アフガニスタン戦争やイラク戦争が長引いたことでオバマ大統領（2009年1月～2017年1月）は軍事費を削減するようになり、2013年9月には「アメリカは世界の警察官ではない」と宣言しました。

アメリカが持っていた世界の安全を守る力は、明らかに低下しています。

■最近できたばかりの同盟がある！

東西冷戦終結以降、飛躍的な経済発展を遂げた中国は、軍事的にも強大になり、次第に横暴な振る舞いが目立つようになってきました。

南シナ海や東シナ海への海洋進出に続いて、最近は太平洋方面でも活発に活動しています。

これに相当な危機意識を持ったアメリカ、オーストラリア、イギリスの3カ国が結んだ同盟がAUKUSです。

中国に対して一緒になって立ち向かっていこうということで、2021年9月に創設されました。

日本が攻撃されたら、アメリカが戦ってくれる？

日米同盟は、アメリカが結んでいる多くの同盟の中の一つです。どんな特徴があるのでしょうか。

もし日本がどこかの国から武力攻撃を受けたら、アメリカは日本防衛のために動くはずです。

これについて、あなたはこんなふうに思っていませんか？

「アメリカ軍が代わりに戦ってくれる」

そう思っている人が結構いるようですが、これは大きな勘違いです。代わりに戦ってくれるわけではないのです。

「日本がどこかから攻撃されたときは、まず日本が戦いなさい。攻撃されたのは日本なのだから率先して戦うのは日本ですよ。それに対してアメリカは協力します」というのが、日米同盟の基本的な考え方です。

アメリカ軍が代わりに戦ってくれるのだとしたら、自衛隊は何のためにいるのでしょう？

災害救助でも自衛隊は活躍します。しかし自衛隊が存在する一番の目的は、日本の安全を守ることです。

したがって、もし日本がどこかの国から侵略されたら、まず自衛隊が戦ってください。その後、アメリカが協力して助けましょう、あるいは一緒に戦いましょう。こういう仕掛けになっているということです。

日米安全保障条約第五条

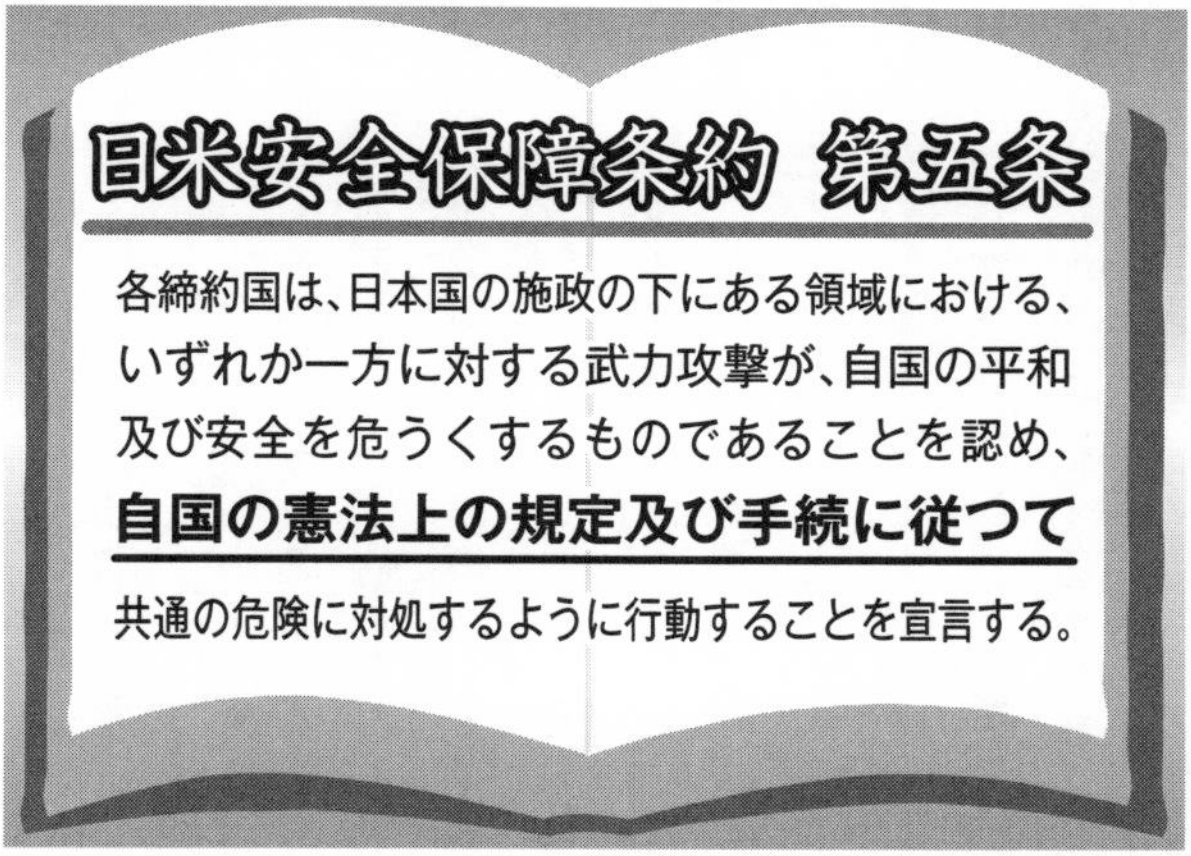
日米安全保障条約 第五条
各締約国は、日本国の施政の下にある領域における、いずれか一方に対する武力攻撃が、自国の平和及び安全を危うくするものであることを認め、
自国の憲法上の規定及び手続に従つて
共通の危険に対処するように行動することを宣言する。

日米安全保障条約第五条を解読しよう

つまり、アメリカ軍が必ず戦ってくれるというわけではないのです。

実際にどういう形でアメリカが協力するかはその時の状況によります。もちろん、日本側の期待に応えてアメリカ軍は自衛隊と一緒に戦うかもしれません。しかし場合によっては、「とりあえず日本が戦ってくださいね。我々は武器・兵器を供与します。医薬品も送ります」というレベルにとどまってしまうことも考えられます。

日米安全保障条約の第五条には次のよう

に書かれています。

日本とアメリカは、「日本国の施政の下にある領域」、つまり日本が現に支配している領土、領海、領空において、「いずれか一方に対する武力攻撃が、自国の平和及び安全を危うくするものであることを認め、自国の憲法上の規定及び手続《てつづき》に従つて共通の危険に対処するように行動することを宣言する」。

「日本国の施政の下にある領域」と条文にあるので、日本の領土であっても、現状ではロシアの支配下にある北方領土や韓国が不法占拠する竹島は含みません。

これらを除いた日本の領域で「いずれか一方に対する武力攻撃」があった場合、言い換えると、日本に対して武力攻撃があった場合か、在日アメリカ軍に対して武力攻撃があった場合、ということですね。そういう場合に、日米両国は「共通の危険に対処する」ため行動を起こすと言っています。

ここで注意すべきは、「自国の憲法上の規定及び手続に従つて」の箇所です。アメリカは憲法に従って行動すると宣言したのであって、自動的に日本を助けるとは言っていません。

■アメリカの開戦を決定するのは大統領ではない⁉

アメリカでは戦争を始める権限、開戦の決定権は誰が持っていると思いますか？これは連邦議会です。憲法上、戦争するには連邦議会の承認が必要なのです。ただし、アメリカ大統領は軍の最高司令官でもあるので、軍のトップとして色々な指示を出して軍を動かす権限を持っています。議会の承認がなくても軍事行動を起こすことはできますし、これまでも起こしてきました。

しかし憲法が定めた正式な手続きでは、戦争するかどうかを決めるのはあくまで連邦議会であって、大統領ではないのです。

特に朝鮮戦争やベトナム戦争の際、アメリカは議会の承認がないまま戦争に介入してしまい、そのことへの反省から1973年に戦争権限法という法律ができました。この法律により大統領の最高司令官としての権限に制約が設けられました。

ここから考えて、日本が攻撃されたときも、連邦議会が「日本のために戦っていいですよ」と言わなければアメリカ軍は行動できない可能性があります。

連邦議会の判断は世論の動向に左右されることから、結局、カギはアメリカの世論が握っているのです。

今、日本がどこかの国から攻撃を受けたとします。その時に、アメリカの国内で「なんでよその国のためにアメリカの若者が血を流さなければいけないんだ」というような世論が高まると、連邦議会がどんな判断を下すか予測は難しくなります。その意味でこの第五条には少し不透明なところがあるのです。

議会が承認しなければ、「日本だけで頑張ってくださいね。武器や兵器の支援はしっかりやりますよ」ということになる可能性もゼロではないということです。

少なくともアメリカ軍が代わりに戦ってくれることはあり得ないんだということ。それはやはり、きちんと知っておいたほうがよいと思います。

■他の同盟とは大きく違うポイントが⁉

日米同盟には、一般的な同盟と比べて大きく異なる点があります。

日本が他国から武力攻撃を受けたときは、アメリカは日本に協力して日本を助ける義務があります。その協力の仕方には不透明感が残るものの、日米安保条約第五条に「共通の危険に対処するように行動する」と明記されている以上、アメリカが日本を全く助けないとは考えられません。

では、逆のケースはどうでしょうか。アメリカ本土やハワイ、グアムなどが他国から武力攻撃されたら、日本がアメリカに協力する義務はあると思いますか？協力せざるを得ないと思う人もいるでしょうね。でも、そういう義務はないのです。

ここがNATOなど他の同盟と違うところです。NATOの場合は、ある加盟国がどこかから武力攻撃されたときは、他の加盟国がみんなで力を合わせて反撃する仕組みになっています。ということは、自分の国が攻撃されていなくても、攻撃された加盟国を助けるために協力する義務があるわけです。

日米同盟は違います。アメリカが攻撃されても、そこが日本の領域外であれば日本がアメリカに協力する義務はありません。

その代わり、日本には非常に多くのアメリカ軍基地が置かれました。それは基地の提供によってアメリカへの協力義務を果たすという取り決めを結んだからですね。ここに他の同盟とは違う日米同盟の特色があるのです。

■米軍の駐留に日本は多額の経費を負担

日米同盟の性格がこういうものなので、その必然的な結果として、日本は米軍基地経費の負担割合が国際的に見てとても大きくなっています。

次のページの表を見てください。アメリカ軍駐留経費の負担額と負担割合を国際比較したものです。少し古い調査ですが、2004年にアメリカ国防総省が発表した数字を掲げました。

日本は在日アメリカ軍の駐留経費の74・5%を負担しています。ところがドイツは32・6%、韓国は40・0%です。日本が飛び抜けて高い。2015年になると、日本の負担割合は86%まで増えました。

駐留経費の負担額全部というわけではないのですが、負担額の一部は日本側で「思

米軍駐留経費の負担額と負担割合

	負担額	負担割合
日本	約4763億円	74.5%
ドイツ	約1685億円	32.6%
韓国	約907億円	40.0%

出典：米国防総省2004年　当時のレートで換算

いやり予算」と呼ばれてきました。そう呼ばれるようになった背景にあるのが、１９７０年代に急速に進んだ円高です。

日本にある米軍基地にかかる費用をアメリカはドルで払うわけで、円高（ドル安）になれば、ドルに換算した費用はそれだけ膨《ふく》らみますよね。特に在日米軍基地の中で働く日本人従業員の給料が問題になりました。アメリカがドルで支払う金額が増えてしまったため、その分を日本が肩代わりすることになったのです。

当時、金丸信《かねまるしん》防衛庁長官は、肩代わりの根拠を説明する際に「思いやりがあってもいいんじゃないか。思いやりが根拠だ」と言ったので、それ以来、通称「思いやり予算」と呼ばれてきました。

ただ、こういう俗っぽい名称はいかがなものかということになって、現在はこう呼ばれています。

通称「同盟強靱化《きょうじんか》予算」。

日本とアメリカの同盟をより強いものにするという決意を込めた命名です。

たとえば、米軍基地で暮らしている兵士たちの家族の水道光熱費などは、日本が負担しています。そこで、こういう暮らしにかかわる負担は少し減らして、むしろ安全保障の部分、具体的には日米共同訓練などの部分をより多く日本側が負担するという形にして、日米同盟をより強いものにしていこう。そういう趣旨で呼び方が変わったのです。

■在日米軍が守るのは日本だけじゃない！

日本は在日米軍のために多額のお金を負担しているので、米軍基地は日本を守るためにあると思っている人が多いようです。

実際はどうなんでしょうか。日米安保条約の第六条を見てみましょう。

「日本国の安全に寄与し、並びに極東における国際の平和及び安全の維持に寄与するため、アメリカ合衆国は、その陸軍、空軍及び海軍が日本国において施設及び区域を使用することを許される」

ここには、在日米軍は日本の安全のためだけでなく、「極東における国際の平和及び安全の維持」のためにいる、と書かれています。日本を守ると同時に、極東も守るのです。

この極東とはどこを指すと思いますか？

極東の範囲が国会で問題になったとき、日本政府は「フィリピン以北並びに日本及びその周辺の地域」を指すと答えています。

フィリピン以北ですからフィリピンが入ります。そして台湾、韓国、日本を含む東アジア一帯。これが日米安保条約上の「極東」です。

この極東地域の平和と安全を維持するために、アメリカ軍は何か事が起きれば出動するというのが日米同盟の取り決めです。また、周辺のロシア、北朝鮮、中国は警戒対象ということになります。

日本以外の地域まで守るのは、「極東」が平和で安全であることが日本の安全につながるのだ、と考えれば理解しやすいでしょう。

■アメリカを除き世界一米軍施設が多い日本

アメリカ軍の日本における活動拠点は在日米軍基地です。

ところで、私たちはこの在日米軍基地についてどれだけのことを知っているでしょうか。基地の多くが沖縄に集中していることはニュースなどで知っていると思いますが、基地は沖縄以外にもありますよね。意外なことに、米軍基地は首都圏にも結構あるのです。

全国の米軍基地についてざっと見てみましょう。

まずは基本中の基本から。日本に米軍基地はいくつあると思いますか？

飛行場や演習場など米軍専用の施設としては全部で76カ所です。45ページの地図に示したように、これが全国13都道府県に設置されています。ただし、この他に自衛隊の基地と共用で使うものもあるので、それらを合わせると数はもっと増えます。

米軍基地がある国の中では、もちろんアメリカが一番多いわけですが、その次に多いのが実は日本です。

都道府県によって役割が全く違う！

この13都道府県にある米軍基地は、場所によってそれぞれ役割が違います。

たとえば東京の横田基地には、日本にいるアメリカ軍全体を統括する司令部があり、アメリカの空軍を指揮する司令部も置かれています。いわば在日米軍の中枢基地としての役割を果たしているのです。

外国で戦争が起きるなどするとアメリカの戦闘部隊が戦地へ向かいますが、アジア、太平洋、中東へ向けて飛び立っていく飛行機は横田基地で給油します。さらには、物資を運ぶ輸送中継基地としての役割も担っています。

意外と知られていないのは、横田基地には国連軍の司令部が置かれていること。1950年に始まった朝鮮戦争では、アメリカを中心に16カ国の国連軍が組織され、韓国軍を支援して戦いました。その時の国連軍の司令部は横田基地に置かれたわけです。

朝鮮戦争は1953年に休戦協定が結ばれましたが、あくまで休戦であって、戦争はまだ終わっていません。ですから、横田基地には今も国連軍の司令部があり、屋外に国連の旗が掲揚されています。司令部には国連軍に参加しているカナダ軍などの将校も出入りしています。アメリカ軍将校だけではないのですね。

東京都の隣の神奈川県にあるのが横須賀基地。ここにはアメリカ海軍のうち、西太平洋からインド洋まで世界の海の5分の1の面積を管轄するというアメリカ第7艦隊の基地があります。原子力空母やミサイル防衛のイージス艦など様々な軍艦が配備されていて、在日米軍基地の中でも特に重要な基地の一つです。

余談ですが、横須賀といえば海軍カレーが有名ですね。海上自衛隊には週に1回、必ずカレーを食べる習慣があります。理由は諸説あるようですが、曜日感覚を維持す

在日米軍施設・区域数

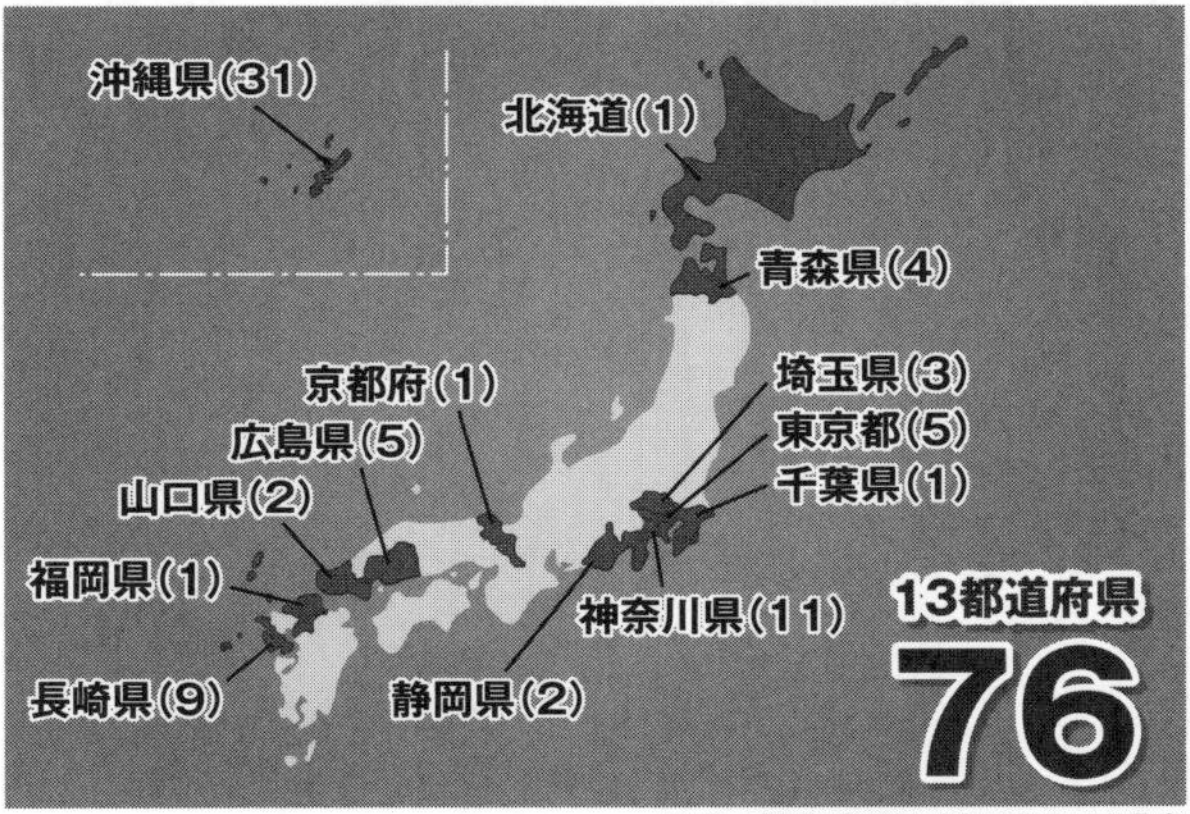

出典：防衛省2022年3月31日現在

横田基地

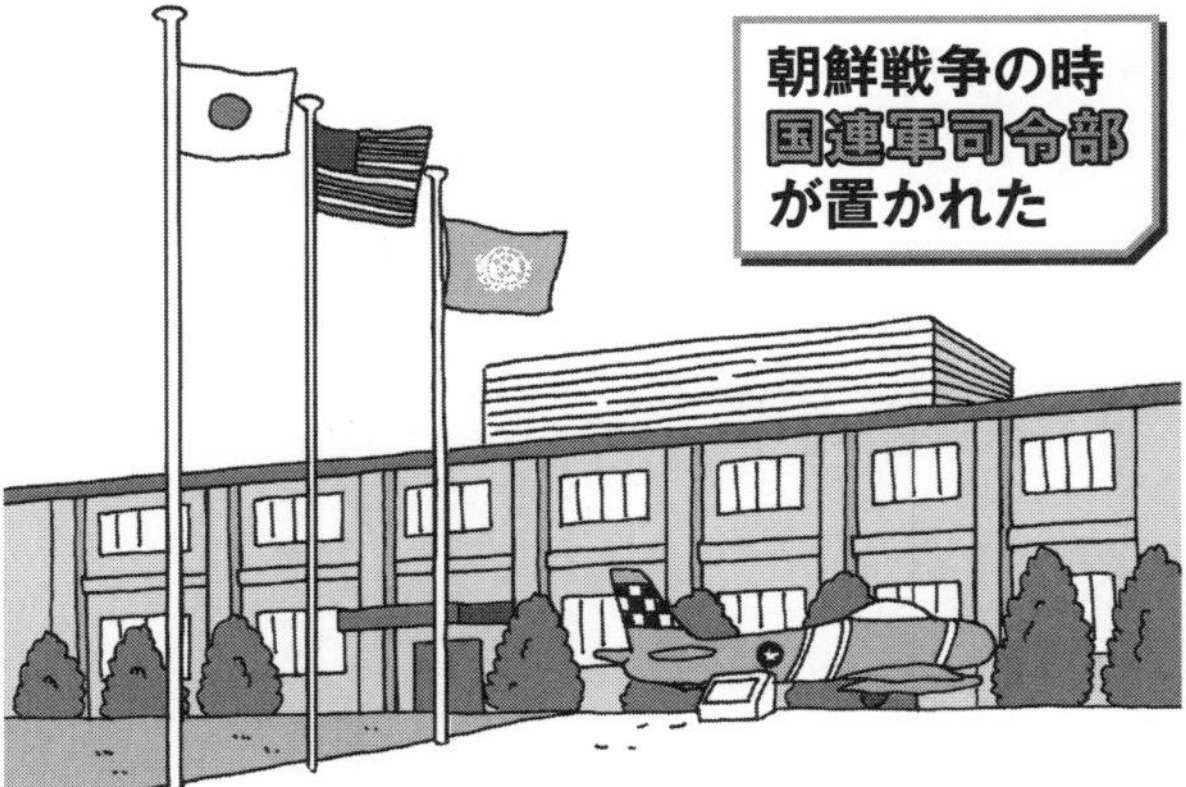

るためというのがほぼ定説です。

ひとたび港を出て長期間航行していると曜日感覚がずれてきます。「きょうは何曜日だっけ？」といちいち確認しないとわからなくなるため、毎週金曜日にカレーを食べることにして、カレーが出たらその日は金曜日だとわかってもらおうとしています。

もともとはイギリス海軍が栄養食としてカレーを採用していたともいわれています。旧海軍でもやっていたことで、現在の海上自衛隊もそれぞれの配属先で金曜日にはカレーを出すようにしている、ということです。

■首都圏の基地は日本の革命を防ぐため⁉

在日米軍基地の地図を見ると、日本の首都を防衛するため、東京都、神奈川県、埼玉県、千葉県など首都圏に多くの米軍専用施設が置かれていることがわかります。ところが、これには別の目的もあったといわれています。

目的とは、日本での革命を阻止することです。

横須賀基地

写真：共同通信

第二次世界大戦の終結後、日本軍は解体され、軍隊はなくなりました。しかし、朝鮮戦争の勃発《ぼっぱつ》により日本にいたアメリカ軍が朝鮮半島に派遣されると、日本を守るべき軍隊はどこにもなく、日本は無防備の状態に陥ります。そこでアメリカが指導して作らせたのが警察予備隊です。（警察予備隊は後に保安隊となり、１９５４年に陸上自衛隊が発足しました）

部隊は全国に配備されますが、もちろんその中心は首都圏です。警察予備隊本部も東京都に置かれました。

ただ、それだけではまだ不安が残ったのです。当時、日本では社会主義運動が盛んで、労働組合の運動も活発だったため、ソ連の影響を受けて社会主義革命が起きてしまうかもしれないとアメリカは恐れました。

首都圏に基地を集中させたのは、警察予備隊だけでは守り切れない事態に備えて、アメリカ軍がにらみを利かせる必要があると考えたからです。

ちなみに、自衛隊の基地は、陸上自衛隊だけ駐屯地と呼んでいます。なぜだかわかりますか?

基地は、滑走路や港など動かせないものがある場所です。これに対し駐屯地は、作戦ごとに移動することを想定して設けた場所です。今いる所は一時的に留まっているだけという意味で駐屯地という呼び方をしています。

英語で基地はベース、駐屯地はキャンプです。沖縄にはキャンプ・ハンセンやキャンプ・コートニーなど「キャンプ」と呼ばれている米軍基地がいくつもありますが、これは駐屯地のことです。

■自衛隊の基地・駐屯地が多い北海道

北海道には米軍基地が一つしかありません。戦後、アメリカと敵対していたのがソ連だったことを考えると、もっとたくさんあってもよさそうなものですが、これはなぜでしょうか？

アメリカ軍から見て北海道はソ連に近すぎて危険だ、というのがその理由です。東西冷戦時代、日本やアメリカは、ソ連軍が日本に侵攻するときは北海道に上陸してくるのではないかと考えていました。その場合、北海道に米軍基地があると、近すぎてアメリカ軍に非常に大きな被害が出ることが予想されます。そこでアメリカは、本州最北の青森県三沢に基地を置き、少し離れたところで待機できるようにしたのです。

その代わり、北海道には自衛隊の基地や駐屯地がたくさんあります。特に陸上自衛隊の戦車部隊が配備されていて、ソ連軍が上陸してきたら北海道で戦車戦を展開する態勢ができていました。

つまり、まず自衛隊がソ連軍と戦い、その後アメリカ軍が助けに行くという構図を作ったわけです。

■沖縄の海兵隊は何を目的としているの？

日本で一番米軍基地が多い場所は沖縄です。76のうち31が沖縄にあります。全国的に名前がよく知られているのは、普天間《ふてんま》基地や嘉手納《かでな》基地などでしょうか。

米軍専用施設でみると、在日米軍施設の全体面積の7割を沖縄が占めています。

2022年は沖縄が返還されて50周年の節目の年でしたが、返還前の戦後27年間はアメリカに統治されていました。それだけ長く統治されている間に、米軍基地がたくさんできたのです。

アメリカ軍には陸軍、海軍、空軍、海兵隊という四つの軍があり、この中で沖縄に多いのは海兵隊です。在沖縄米兵の6割が海兵隊員だというデータがあります。

海兵隊と海軍の違いはわかりますか？　海軍は軍艦に乗って海上で戦いますが、海

海兵隊とはどんな部隊か？

上陸して拠点を作る切り込み部隊

兵隊は海から敵地に上陸して、陸上で戦う部隊です。性格が根本的に違うのです。

アメリカ軍が戦争をするときは、海兵隊が真っ先に突っ込んでいき、敵地に上陸して拠点を作ります。そのため、よく切り込み部隊と呼ばれています。アメリカ軍の中でも訓練が最もハード。非常に屈強な人たちが多く、他の軍隊よりも平均年齢が低い。これが米海兵隊の特徴です。

沖縄に米軍基地が多いのは、アメリカの統治が長く続いたことに加えて、沖縄の地理的な優位性も関係していると考えられます。

東アジアの安全保障上、日本は極めて重

要な位置にあり、特に沖縄は地理的に見て優れた場所にあるとアメリカは考えています。

沖縄に米軍基地があれば、たとえば再び朝鮮戦争が起きたとき、あるいは台湾周辺で何かあったときに、すぐに駆け付けることができる。そういう絶好の位置にあるのが沖縄なので、ここに米軍基地をしっかり置いておこうというのがアメリカ政府や日本政府の考え方でもあるわけです。

在日米軍基地が攻撃されたら、自衛隊は戦う？

日本が他国から攻撃されたときは、アメリカには日本を助ける義務があるというのが日米安保条約第五条でした。

では、もし在日米軍基地が攻撃されたら、日本はアメリカを助けなければならないのでしょうか。

在日米軍を守る、すなわちアメリカを守るというふうに考えると、これは集団的自

沖縄は米軍にとって地理的に優位

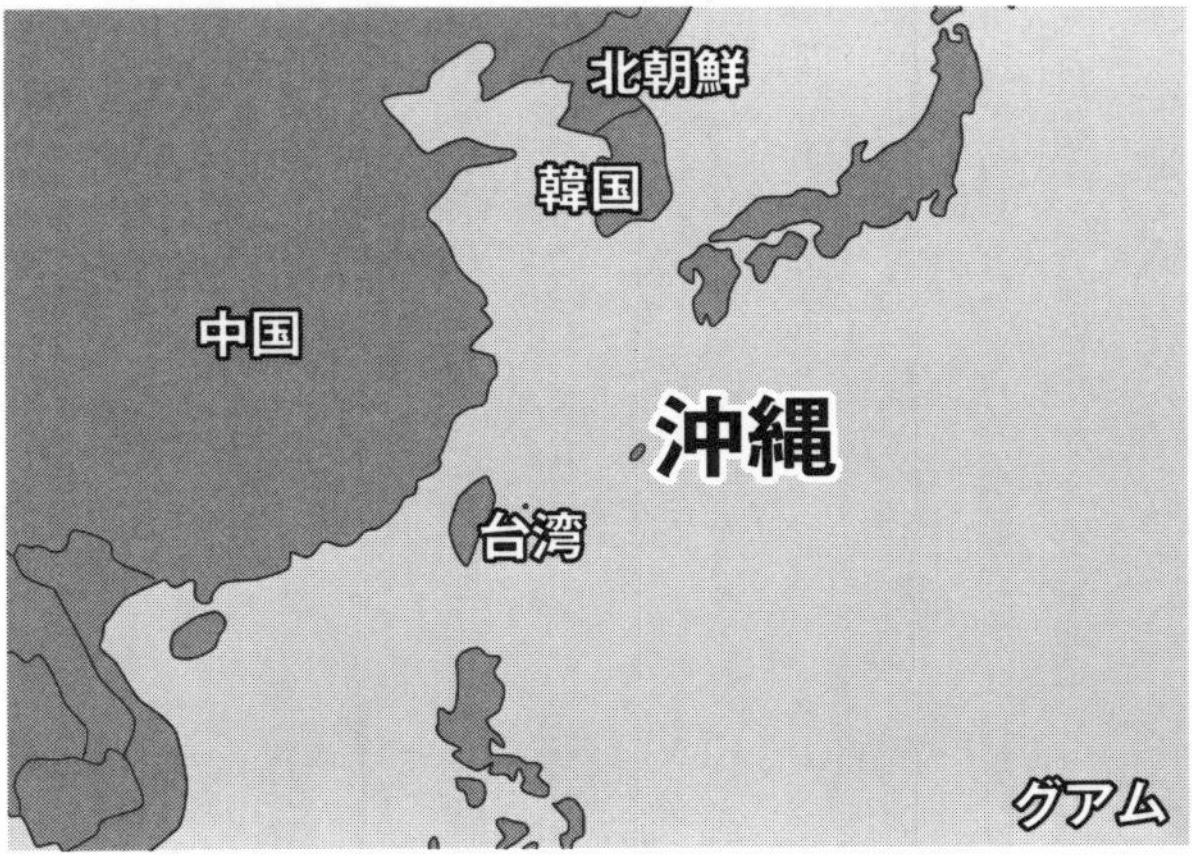

衛権の行使のように思うかもしれません。

しかし、在日米軍基地は日本の領域内にありますから、そこを攻撃されたということは、日本が攻撃されたのと同じです。したがってこの場合は、日本が武力攻撃を受けたと考えて、個別的自衛権を行使してアメリカ軍と一緒に戦うことになります。

集団的自衛権を持ち出すまでもなく、「日本を守るために戦うんだ」という理屈でアメリカ軍に協力し、攻撃してきた国と戦えばいいのです。

問題は、日本のすぐ近くだけれども日本の領土、領海ではないところ、たとえば東シナ海あたりでアメリカ軍が攻撃を受けたらどうするかです。

仮に台湾有事のようなことが起きて、台湾防衛のために出動したアメリカ軍が中国軍から攻撃された場合、日本がアメリカを助けて戦おうとすれば集団的自衛権を発動する必要があります。アメリカに対する攻撃を日本への攻撃とみなして自衛隊を出動させるのです。

これは安倍政権の時に、集団的自衛権を限定的に行使できる法整備を行ったことで可能になりました。政府が「存立危機事態」と認定すれば、自衛隊はアメリカ軍に協力して戦うことができます。

ただし、存立危機事態には非常に厳密な定義があり、そう簡単に政府が認定できるものではありません。

政府はこれを、「我が国と密接な関係にある他国に対する武力攻撃が発生し、これにより我が国の存立が脅かされ、国民の生命、自由及び幸福追求の権利が根底から覆《くつがえ》される明白な危険がある事態」と定義しています。

東シナ海で武力衝突が発生し、単にアメリカ軍が攻撃を受けたというだけでは駄目なのです。放置すると重大な影響が日本に及び、日本の平和が破壊され、国民の命が危険にさらされるかもしれないという情勢判断があって、初めて「存立危機事態」と認定されます。

そうなったときは、自衛隊は武力の行使も許されるということになります。

第2章

北朝鮮のミサイル発射

■アメリカ全土が射程内に入ったか？

ロシアのウクライナ侵攻が始まって約1カ月後、北朝鮮の朝鮮中央テレビが放送した映像に世界の人々の目が釘付《くぎづ》けになりました。

黒い革ジャンにサングラス姿の金正恩《キムジョンウン》総書記がさっそうと登場。後ろに現れたのは移動式発射台に載せられた巨大なミサイルです。ミサイル発射を見届けた金総書記は、拍手して満面の笑みを浮かべていました。

発射されたミサイルはICBM（大陸間弾道ミサイル）級とされ、防衛省は「この時の飛翔軌道に基づけば、このミサイルは、搭載する弾頭の重量などによっては1万5000㎞を超える射程となりうる」（『令和4年版防衛白書』）と分析しています。

事実とすればアメリカ全土が射程内に入ります。北朝鮮のミサイル開発がこのまま進んだ場合、アメリカにとって重大な脅威になることは間違いありません。

北朝鮮は22年11月18日にもICBM級の弾道ミサイルを発射しました。3月に発射したのと同じ「火星17」と呼ばれるタイプで、北海道の渡島《おしま》大島の西方約200キロ

北朝鮮のミサイル発射（2022年3月24日）

写真：共同通信

メートルの海上、日本の排他的経済水域（EEZ）の内側に落下したと推定されています（出典：防衛省）。

ミサイルは通常よりも急な角度で高く打ち上げると、急カーブを描いて落下します。これをロフテッド軌道といい、この時発射された「火星17」もロフテッド軌道だったとされます。高く打ち上げるので飛距離は短くなりますが、もし通常の角度で発射すれば、弾頭の重量などによっては射程1万5千キロメートルを超える可能性があり、北朝鮮のミサイル技術の向上を世界に見せつけました。

■ロシアのウクライナ侵攻でさらに過激に！

このようにますます過激になっている北朝鮮ですが、実はウクライナ問題とも大きく関係しています。

ロシアがウクライナに侵攻するのを見た北朝鮮は、こんなふうに考えたのではないでしょうか。

「やっぱり核兵器は手放せない」

そう推測するのには理由があります。

ウクライナが一時期、アメリカ、ロシアに次ぐ世界3位の核保有国、核大国だったことはご存じですか。

東西冷戦の頃、ウクライナはロシアと共にソ連を構成する15の共和国の一つでした。このソ連時代にウクライナには大量の核兵器が配備されました。狙いは西欧諸国への対抗です。ソ連の指導者たちは、地理的に西ヨーロッパに近いウクライナに軍隊や核を配備することで、西欧諸国と対決する姿勢を明確にしたのです。

ウクライナに核を残したままソ連が消滅

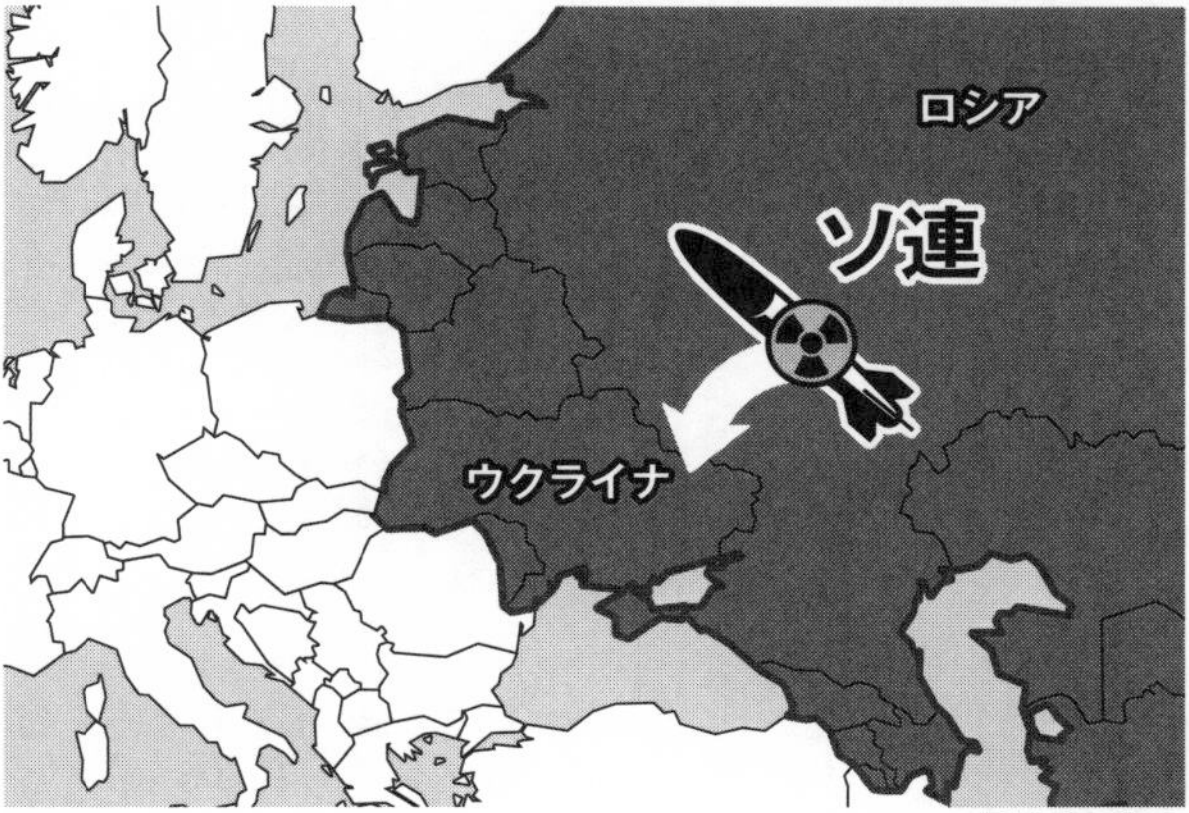

※国境線は現在

　ところが1991年、ウクライナに核を残したまま、ソ連が消滅してしまいました。ソ連内のそれぞれの国が独立したためです。結果として、ウクライナは世界3位の核保有国となりました。

　ちなみに、当時のウクライナが保有していた核弾頭数は1240発だったといわれています。

　しかし、ウクライナは結局、核兵器を放棄することにしました。そのことを約束したのが1994年の「ブダペスト覚書」です。ハンガリーの首都ブダペストで署名されたのでこう呼ばれています。

　具体的には、ウクライナが核兵器を放棄

し、その全てをロシアに引き渡せば、ウクライナ領土の安全と独立国家としての主権をアメリカ、イギリス、ロシアの3カ国で保障するというものです。

東西冷戦が終わり、既にロシアは民主化されていました。そのままロシアに自由と民主主義が定着していれば、この覚書が破られることはなかったかもしれません。しかしその期待は打ち砕かれ、約束を無視してロシアはウクライナに侵攻。アメリカやイギリスは直接的な軍事介入を避け、ウクライナに武器は提供するけれども、軍隊は送りませんでした。つまり、ブダペスト覚書は反故《ほご》にされたのです。

そんな様子を見た北朝鮮は、一連の出来事から教訓を引き出しました。

「ウクライナが侵略されたのは核を放棄したからだ。核兵器を持っていれば、ロシアが攻め込むことはなかったのではないか。またアメリカやイギリスがロシアを攻撃しないのは、ロシアが核保有国で核戦争になるのが怖いからだ。だとしたら核兵器さえ持っていれば北朝鮮の安全を守ることができる。よって核は手放せない」

金正恩総書記はこう考えているのではないか、とみることができます。

北朝鮮が核兵器やミサイルを「自分たちを守る手段だ」と考えている以上、いくら

1994年、ウクライナが核兵器を放棄

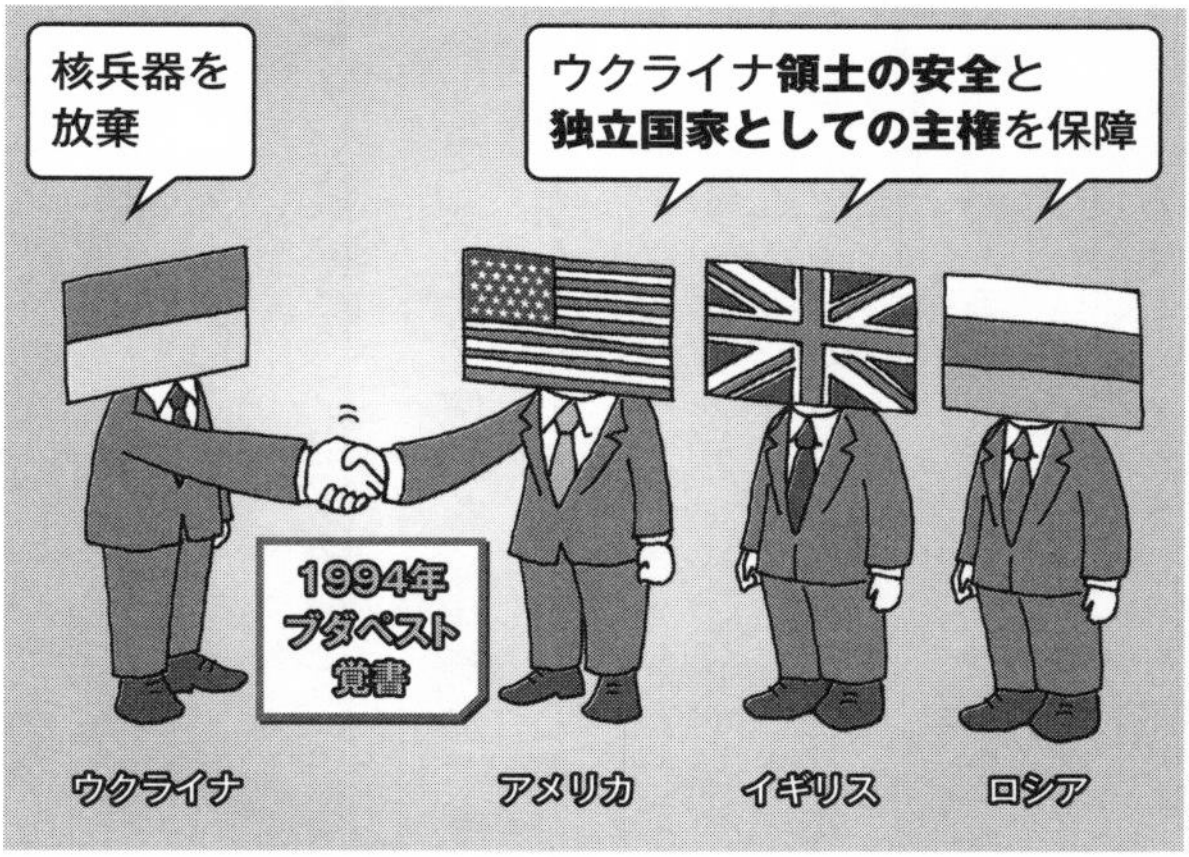

「核開発をやめなさい。核兵器を放棄しなさい」と言っても、それに従わせるのは困難です。国際社会も手を焼いているのが現状だということです。

もはや核実験再開は時間の問題

これまで核兵器は使えない兵器だと考えられてきました。先に核兵器を使えば核の撃ち合いになり、双方共に壊滅的な被害を受けるからです。それがわかっていて先に核を使う国はないだろう、というのが一般的な見方でした。

ところが今回、プーチン大統領はウクライナを攻撃する直前、「ロシアは世界最強の核保有国の一つだ」とわざわざ強調してみせたのです。これは核を使うことも辞さないという脅しです。

実際、侵攻直後の2月27日、プーチン大統領は、核戦力を含む部隊に特別態勢を取るように命じました。また3月22日には、ペスコフ大統領報道官が「国家存亡の脅威には核兵器の使用もありえる」と述べています。

こうなると、アメリカがウクライナに軍隊を送ってロシアと直接戦えば、本当にロシアは核兵器を使うかもしれないと心配になりますよね。アメリカも核戦争は避けなければいけないと思っているので、軍隊を送るという決断はできません。

そんなアメリカの足元を見透かしたかのように、このところ北朝鮮が不穏な動きを見せています。それが核実験の再開です。

一度閉鎖したといわれている核実験場（北朝鮮北部の豊渓里《プンゲリ》）で復旧作業の動きが確認されたのです。アメリカは、北朝鮮が核実験を再開する兆候があると注意喚起し、警戒を強めています。

■北朝鮮のミサイル発射と日本の防衛

日本にとっての差し迫った脅威は、北朝鮮のミサイルが飛んでくることです。

北朝鮮がミサイルを発射したというニュースが流れるたびに、「ああ、また撃ったか」と思うかもしれませんが、もしこれが日本の領域内に飛んできたら大変なことになります。

今のところ日本が直接狙われたことはありません。しかし日本としては、北朝鮮がミサイルを発射するたびにそれに対処しなければならず、万全の態勢でミサイルを撃ち落とすために莫大な税金を投入してきました。

お金に関しては後ほど解説するとして、まずはミサイルを撃たれたとき、日本はどうやって安全を守るのか、その仕組みを確認しましょう。

日本では、保有する情報収集衛星（偵察衛星のこと）を使って宇宙から情報収集するとともに、自衛隊が全国各地に設置したレーダーや航空機、艦船などで北朝鮮の動向を24時間365日監視しています。

ただ、それだけでは必ずしも対応できない部分があるのです。

そこで、同じように常に監視しているアメリカ、そして韓国とも協力して対処しています。

では、北朝鮮がミサイルを発射したとき、日米韓３カ国はどう連携するのでしょうか。

北朝鮮のミサイル発射に対する日米韓の連携

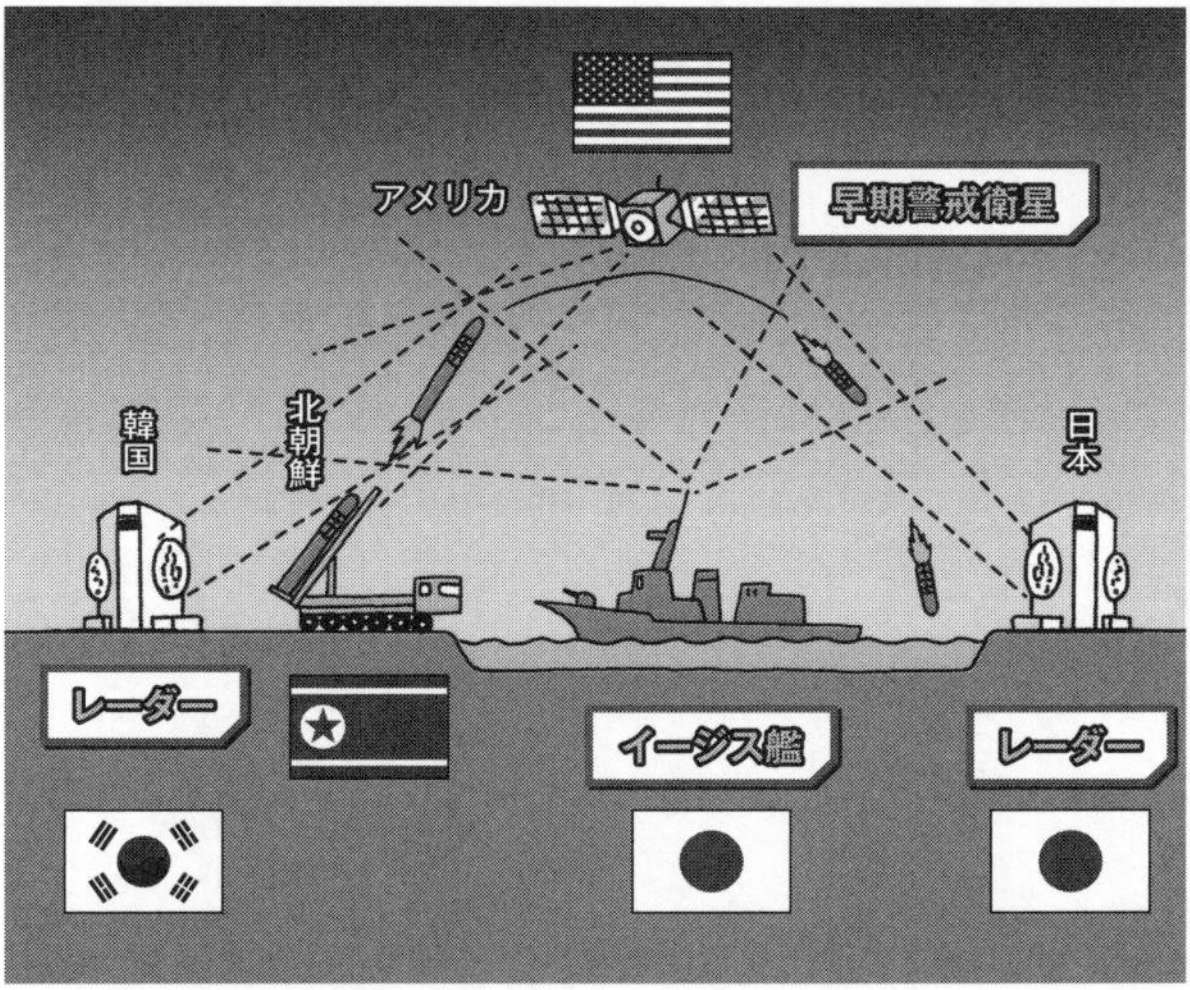

写真：共同通信

北朝鮮がミサイルを発射すると、宇宙空間に浮かんでいるアメリカの早期警戒衛星がそのロケットエンジンの熱を感知し、必要な情報を日本や韓国に知らせてきます。

一方、韓国のレーダーがミサイルの軌道を捉え、日本のイージス艦（迎撃ミサイルを発射できる護衛艦）や国内のレーダーも北朝鮮のミサイルの動きを監視し、速やかに落下地点を予測します。

ところが地球は丸いので、日本側のレーダーでは北朝鮮がミサイルを発射したところを探知するのが難しい場合があります。そんなときは、北朝鮮により近い韓国がミサイル発射地点を素早く探知します。

その代わり、日本の近くにミサイルが落ちるときは、韓国よりも日本の方がミサイルの動きを正確に把握できるわけです。

そうやってこの3カ国が協力することによって、ミサイルがどこからどう発射されてどこに落ちていったかということが正確にわかるのです。

■GSOMIAで日韓米の連携がスムーズに

3カ国の連携が常にうまくいけばいいのですが、一つ問題がありました。日本と韓国はそれぞれアメリカと同盟を結んでいます。でも、日本と韓国は同盟を結んでいません。この状態では、日韓の軍事的連携がうまくいかない可能性があります。

そこで日韓両国はGSOMIA（ジーソミア）という協定を結びました。正式名称は「軍事情報包括保護協定」、英語の頭文字を取ってGSOMIAです。

日韓関係がひどく悪化したとき、文在寅《ムンジェイン》政権下で韓国がこれを破棄すると言い出して大きなニュースになりました（2019年8月）。

北朝鮮がどんな行動を取るかは、日本にとっても韓国にとってもアメリカにとっても非常に気になるところです。お互いが情報を交換できるような仕組みを作ろうということになりましたが、日本と韓国は同盟関係にないので、それぞれが得た情報が外部に漏れる心配がありました。軍事情報の中には最高機密に該当するものもあり、うっかりよその国に漏れたらまずいわけです。GSOMIAは、相手の国が得た情報を自分の国で受け取ったらそれを外部に漏らしませんよ、という約束です。

具体的にはこういう仕組みを作りました。

たとえば韓国がある情報を得れば、これをアメリカに伝えます。アメリカは当然、北朝鮮に関する情報を収集していて、日本も独自に得たものはアメリカに伝えます。

ここで日本と韓国はどうするかというと、アメリカに伝えた情報は、それぞれが引き出すことができるという仕組みにしています。

韓国がアメリカに伝えた情報は日本がそのままもらえるし、日本が伝えた情報も韓国がもらえる。もちろん、アメリカが独自に収集した情報は、韓国も日本も得ることができます。ＧＳＯＭＩＡの締結以前はアメリカを介して情報のやり取りをしていましたが、締結後は日韓が直接やり取りをしています。

■韓国と仲が良くないと情報が遅れる⁉

文政権は最終的には破棄を思いとどまって事なきを得ました。

日本と韓国の軍事協定

ジーソミア
GSOMIA
General Security of Military Information Agreement
軍事情報包括保護協定

GSOMIA
登録した情報を共有

もしあの時、韓国が日本とのＧＳＯＭＩＡをやめていたら、どんな影響が出ていたでしょう。

その場合、韓国がいろいろな情報を得ても、日本はその情報をすぐには引き出せなくなります。

日韓のＧＳＯＭＩＡが破棄されると、アメリカとしては、韓国から得た情報は「これを日本に伝えていいですか」といちいち問い合わせをして、韓国が「いいですよ」と言ったら日本に伝える。その都度意向を確かめなければいけなくなります。そうなると情報が伝わるのが大幅に遅れます。

つまり、北朝鮮のミサイルがどこから発射されたのか、どこに向かっているのかということが瞬時にわかるのは、ＧＳＯＭＩＡがあるからだということです。

こうしてみると、特に北朝鮮のことを考えると、韓国との関係もとても大事だということがわかると思います。

―北朝鮮への安全面では韓国との関係が重要―

北朝鮮に強い態度で臨む尹錫悦《ユンソンニョル》大統領

韓国で大統領が交代し、尹錫悦《ユンソンニョル》大統領が誕生したのは2022年5月です。政権が新しくなって北朝鮮に対する態度もがらりと変わりました。

北朝鮮は6月5日に日本海に向けて短距離弾道ミサイルを発射していますが、この時は国内4カ所からほぼ同時に8発ものミサイルを発射しました。

すると翌日、これに対抗して韓国軍と在韓米軍が同じ数の地対地ミサイルをやはり日本海に向けて発射したのです。

さらに7日には、アメリカと韓国の戦闘機合わせて20機が北朝鮮のすぐ近くの黄海上空を編隊飛行し、いつでも北朝鮮を攻撃できるんだぞとアピール。北朝鮮の挑発に屈しない姿勢を見せつけました。

文在寅前大統領は北朝鮮に融和的でしたが、今の尹大統領は逆です。北朝鮮には断固とした強い姿勢で臨むことを明らかにしています。

■ミサイル防衛には莫大なお金がかかる

先ほど、北朝鮮のミサイル発射に対処するため私たちの税金が投入されているという話をしました。日本のミサイル防衛にかかっているお金は年間どのくらいだと思いますか？

防衛省が公表している2022年度のミサイル防衛予算は約1374億円です（弾道ミサイル防衛関連経費。出典：防衛省）。ミサイル防衛システムを維持するには、毎年それだけの費用がかかるのです。

では、どういう仕組みになっているかというと、日本のミサイル防衛は海と陸の2段階の迎撃体制を取っています。

北朝鮮からもしミサイルが発射された場合、レーダーで日本の領域に向かっていることが確認されたら、日本海にいる海上自衛隊のイージス艦が迎撃ミサイルを発射して撃ち落とします。

ここで撃ち落とせなかった場合は、今度は日本の国土に配備された航空自衛隊のPAC3で撃ち落とします。こういう2段階の防衛体制になっているということです。

2段構えにしたのは、飛んでくるミサイルを確実に撃ち落とすためですが、その分、お金はたくさんかかりますよね。ミサイル防衛予算には、ミサイルを発射するための装備品やミサイルの購入費に加えて、整備費用や訓練費用なども含まれますから、どうしても金額は大きくなります。

防衛省（当時は防衛庁）がミサイル防衛システムの本格的な運用を始めたのが2004年度。そこから2022年度までにかかった費用の総額は、なんと約2兆7829億円にも上ります（出典：財務省）。

しかし、かかるお金はそれだけにとどまりません。迎撃の性能を上げるには新しい兵器の開発や研究にも力を入れなければならないので、研究・開発にもお金がかかっています。

さらに、北朝鮮からミサイルが発射されると、そのたびに自衛隊が戦闘機を発進させて空から情報収集活動を行います。

戦闘機1回の発進で数百万円かかるといわれており、ミサイル発射回数が増えれば増えるほど日本側の費用負担も増えるのです。

ミサイルが日本の排他的経済水域内に落下したときは、これも費用が増える要因になります。戦闘機だけでなく海上自衛隊の哨戒機（パトロール用の航空機）も出動して、ミサイルが落下した周辺地域を調べ、被害が出ていないか確認するからです。

可能ならば、落下した物体も回収したいところです。回収できれば北朝鮮の技術レベルがわかるはずで、そういうことのためにもお金がかかっています。

ミサイル防衛はイージス艦とPAC3の2段構え

写真：共同通信

■北朝鮮は非合法手段で資金集め

北朝鮮は様々な経済制裁を受けて困窮しているはずなのに、一体どうやって核・ミサイル開発の資金を集めているのか不思議ですね。

北朝鮮の収入源の一つは地下資源の石炭です。しかし、経済制裁によって国連加盟国は北朝鮮から石炭を輸入できなくなりました。北朝鮮からすれば死活問題です。ここで助け船を出したのが中国です。中国は北朝鮮の石炭を積んだ船を密かに受け入れており、石炭に関する制裁は骨抜きになっています。

非合法なやり方としては、以前は麻薬や覚醒剤の密輸出でお金を集めていました。また、最近では、とんでもない方法で資金集めをしていることが明らかになっています（22年2月）。

国連には、北朝鮮に対する経済制裁がちゃんと行われているかどうか、北朝鮮が不法な手段でお金（外貨）を稼いでいないかどうかを監視する専門家の組織があり、これを専門家パネルといいます。この専門家パネルによると、最近は暗号資産の取引所にサイバー攻撃を仕掛けて、巨額の暗号資産、デジタル資産を盗み出すということをやっているというのです。

ほかにも、国内で育成したＩＴ技術者を海外に派遣してスマホ向けのアプリを開発させ、そこで得た収益が実はミサイル開発の資金源になっているという話があります。

少し前には、バングラデシュの中央銀行をハッキングして多額のお金を盗んだのではないかという報道がありました。

北朝鮮は実にいろいろなやり方でお金を盗んで、それを核・ミサイル開発に使っているのです。

第3章

中国の海洋進出と台湾有事

■領空への接近回数が異常に多い

外国の飛行機などが日本の領空に許可なく接近するケースが後を絶ちません。領空内への勝手な侵入（領空侵犯）は国際法違反であると同時に、その国の主権を侵害する行為でもあります。自衛隊がこれを阻止しようとして戦闘機を緊急発進させることを「スクランブル」と呼ぶことはご存じですね。

飛行機はものすごいスピードで飛んでくるので領空に近づいてからでは間に合わないため、領空の外側に防空識別圏という空域を設定し、そこに国籍不明機が入ってきたら自衛隊の戦闘機がスクランブルするというやり方をしています。

東西冷戦時代はソ連の飛行機が多かったのですが、ソ連がロシアになってからはロシアの飛行機は減ってきました。代わりに激増しているのが中国です。

では、2021年度の1年間、日本は中国機に対して何回ぐらいスクランブルをしたと思いますか？

答えは722回です（出典：防衛省）。前の年度より264回も増えました。

スクランブルをする対象全体のうち約72％を中国機が占め、ロシア機は２６６回で約26％を占めています。

中国軍機が日本の領空に近づく目的は？

問題は、わざわざ日本の領空に接近してくる目的は何かです。

一つには、中国軍のパイロットの練習、訓練のためということですね。紛争や戦争が起きたときのことを想定して訓練しているわけです。日本の領空に入らない程度にぎりぎりのところを飛んで、パイロットの練度を上げようとしていると考えられます。

もう一つは、自衛隊の能力を測っているのではないかといわれています。日本の領空に接近していったとき、どの段階で自衛隊がスクランブルしてくるかチェックするのです。自衛隊機がやってくるのが遅ければ「大したことないな」ということになるし、すぐにスクランブルをかけてきたら「自衛隊機の能力は高いな」という評価になります。

あるいは、どこで自衛隊のレーダーに探知されるかを見たり、自衛隊機が地上と無線の交信をすると、その周波数を確認したり、ということで、いざという時のために情報収集をしておく。そういう目的で中国の戦闘機が日本のすぐ近くまで来ているといわれています。

■中国船が尖閣諸島周辺で繰り返し領海侵入

また中国は空だけでなく海にも侵入してきています。目下、日本政府が一番神経を尖《とが》らせているのが沖縄県の尖閣諸島周辺の動向です。

尖閣諸島の日本の領海内に中国の船が長時間侵入して、日本漁船に接近したり、嫌がらせをしたりということが増えてきて、最近よくニュースになっています。

２０２１年の１年間でも、尖閣諸島の周辺でかなりの日数、中国の船が確認されました。海上保安庁によると、年間の確認日数は３３２日、領海侵入は34回です。

３６５日のうちの３３２日ですから、ほぼ毎日、中国の船がやってくるということ

ほぼ毎日、日本の領海に侵入

出典：共同通信

です。漁船が来ることもありますが、多くは前ページの写真のように「中国海警 CHINA COAST GUARD」という沿岸警備隊、日本で言う海上保安庁の船がやってきて、尖閣諸島の周りに居座っているのです。

そうなると当然、海上保安庁は、中国の船が領海に侵入したり、日本の漁船に嫌がらせをしたりしないように、尖閣諸島の海を守るために出ていくことになります。しかし、年がら年中やってくる中国船に対抗するには、石垣島に配備されている海上保安庁の巡視船だけではとても足りないため、全国の海上保安部に配属されている巡視船が交代でやってきて警備をしています。

これが一時的ならいいのですが、もう長いこと続いてきて、海上保安庁の人たちはへとへとになっているのが実情です。中国はそれを狙っているわけですね。

こういった中国の攻勢に対しては、アメリカ軍に何とかしてもらえないのかと考える人もいると思います。でも、中国の船が毎日のようにやってきたからといって、それだけでは日本に対する武力攻撃とは言えないので、日米安保条約第五条を発動するのは難しい。基本的に日本が自力で対処しなければいけない問題です。

■「台湾への軍事関与」はバイデン大統領の失言？

2022年5月、来日したアメリカのバイデン大統領のある発言が波紋を広げました。岸田文雄総理との日米首脳会談を終えたバイデン大統領が、共同記者会見で「台湾防衛のため軍事的関与の用意はあるか？」と聞かれて、「イエス」と答えたのです。

この発言が波紋を広げたのは、アメリカの歴代政権がとってきた政策を変更したように聞こえたからです。

アメリカには1979年に制定された台湾関係法という法律があります。戦後、中国の代表は中華民国、つまり台湾だった時代が長く続き、1971年になって国連が中華人民共和国を中国の代表にすると決めました。その後、アメリカは中国（中華人民共和国）との関係を深め、正式な国交を結びます。しかしアメリカの議会では、台湾の将来を心配して、「台湾の安全を守ってあげる必要があるんじゃないか」という声が高まり、台湾関係法が作られました。

その主な内容は、アメリカは台湾を守るために武器を売ることができる、もし台湾が攻撃を受けたときは住民の安全のために適切な行動をとらなければならない、の2点です。

「適切な行動をとらなければならない」と言っていますが、「台湾を守る」とまでは言っていません。

アメリカは中国への配慮から、中国が「台湾は中華人民共和国の一部だ」と主張していることに異議は唱えないという方針を表明する一方、もし中国が台湾を攻撃したときは、台湾を守るとも守らないとも言わないという、いわゆる「あいまい戦略」をとってきました。

もし台湾で何かあればアメリカが軍事力を使って守る可能性は高いのですが、中国を刺激しないようにあえてあいまいにしてきたのです。

ところがこの時は、バイデン大統領が「台湾が中国から攻められたらアメリカは守りますよ」とはっきり言ったので、これが波紋を広げたというわけです。中国の外務省がすぐに反応し、「強烈な不満と断固たる反対」（汪文斌《おうぶんひん》副報道局長）を表明しました。

波紋を広げた、バイデン大統領の発言

写真:共同通信

果たしてバイデン大統領の失言だったのか、それともわざと本音を漏らして中国を牽制《けんせい》したのか、はっきりしたことはわかりませんが、アメリカ国務省は歴代政権の方針に変更はないと言っています。そのように言うことで、中国を刺激しないようにしているということです。

中国が台湾周辺でいきなり軍事演習

バイデン発言の波紋が収まって間もない2022年夏、中国と台湾が一気に緊張状態になる事態が起きました。

中国が台湾を取り囲むように六つの区域

を設定し、8月4日から大規模な軍事演習を始めたのです。防衛省によると、中国軍はこの日、台湾の北部、東部、南部のあらかじめ設定した区域に向けて合計9発の弾道ミサイルを発射しました（台湾国防部発表では11発）。

これは台湾へのあからさまな武力による威嚇《いかく》です。同時に、「いつでも台湾を封鎖できるんだぞ」という中国の脅しでした。

中国の行為が国際的な非難を浴びたことは言うまでもありませんが、4発のミサイルが台湾上空を通過し、他の1発と合わせて計5発が日本の排他的経済水域（EEZ）内に落下したことで、日本でも大きな問題になりました。

中国が当時、いきなり軍事演習を行ったのは、アメリカのペロシ下院議長（当時）が台湾を訪れて蔡英文《さいえいぶん》総統と会談したからです。

習近平国家主席は事前に、「火遊びをすれば必ずやけどする」と言って警告を発していました。ところがペロシ下院議長にあっさり無視されてしまい、面子をつぶされた中国は怒って報復措置として軍事演習を実施したのです。

中国の主張は「台湾は中国の不可分の領土の一部だ」というもの。中国にとってこ

中国が激怒したアメリカ政界ナンバー3の人物の訪台

写真：共同通信

れは譲れない原則です。アメリカも一応それは認めると言いながらも、台湾の現状維持のため、いろいろと口を出したり武器を売却したりしてきました。中国はそのたびに不満を表明するのですが、今回は特に「内政干渉だ」として強く反発したのです。

ペロシ下院議長の台湾訪問に激怒

しかし、台湾近海に9発ものミサイルを撃ち込むなど前代未聞です。ペロシ下院議長が台湾を訪れただけで、どうして中国はそんなに怒ったのでしょうか。

理由は、下院議長という地位の高さにあ

りました。アメリカでは、大統領にもしものことがあれば権力は副大統領に継承され、その次の継承者は下院議長です。ペロシ下院議長はバイデン大統領、ハリス副大統領に次ぐアメリカ政界のナンバー3でした。それほど高い地位の人が台湾を訪問したということは、「台湾は中国の一部だ」という中国の主張にアメリカ政府が異を唱えたに等しい。「一つの中国」という原則がないがしろにされているのではないか、と中国側は受け取ったわけです。

ペロシ下院議長が台湾に行くと言い出したとき、中国との関係悪化を望んでいなかったバイデン大統領は、実は「やめてくれ」と言いたかったようです。しかしアメリカの三権分立の制度上、立法府のトップが何かやることに対して行政府の長は口出しできませんから、容認せざるを得ませんでした。それだけ議会は高い独立性を持つのです。

ただ、中国には三権分立という発想はありません。ナンバー3の人が訪台したからには、当然そこに大統領の意向が反映されているはずだ。中国はそういう見方をします。

ペロシ下院議長としては、「万が一何か起きたときはアメリカが守ってあげますよ」という姿勢を、アメリカを代表して台湾の人たちに見せたかった。

しかし、中国は断固反対です。「もしペロシ下院議長が訪台したら、これに対して中国は容赦しない」と事前にアメリカに警告していました。その警告にもかかわらず議長がやって来たので中国は激怒した。そして報復として大規模軍事演習を行った、ということです。

この演習は、台湾当局が「中国は台湾攻撃の予行演習をした」と発表するほど本格的なものでした。

■日本の近くに弾道ミサイルが落ちた！

中国の発射した弾道ミサイルが日本の排他的経済水域（ＥＥＺ）に落下したことで、日本政府が中国を強く非難したところ、中国はこんな反論をしてきました。

「関連海域での両国の境界は未画定だ。日本のＥＥＺだという説はどこから来たの

か？」（汪文斌《おうぶんひん》・外務省副報道局長）

次のページの地図を見てください。印を付けたところがミサイル落下地点と見られる場所ですが（出典：防衛省）、中国はそこが日本のＥＥＺだとは認めていません。

ここで排他的経済水域についておさらいです。海には国際的なルールがありましたね。海岸線から12海里《かいり》（約22キロ）までが領海。領海は領土と同じで、その国の海です。そこからさらに12海里を接続水域と呼び、この接続水域を含んで海岸線から２００海里（約３７０キロ）までがＥＥＺ、つまり排他的経済水域です。

「排他的」という言葉からわかるように、ＥＥＺでは他国が経済活動（漁業、石油・天然ガスの開発など）を勝手にやってはいけないという決まりがあります。日本のＥＥＺで自由に経済活動を行えるのは日本だけです。

ところが、国同士の距離が近い場合、お互いに２００海里を主張すると一部の水域が重複してしまいます。そういうときは国同士の話し合いで境界線を決めるのが基本ですが、日中間では双方の主張が対立して、いまだに折り合いが付いていないのです。

双方の主張を97ページの上の図にまとめました。日本は両国の海岸線から等しい距

中国の弾道ミサイルが日本の排他的経済水域に落下

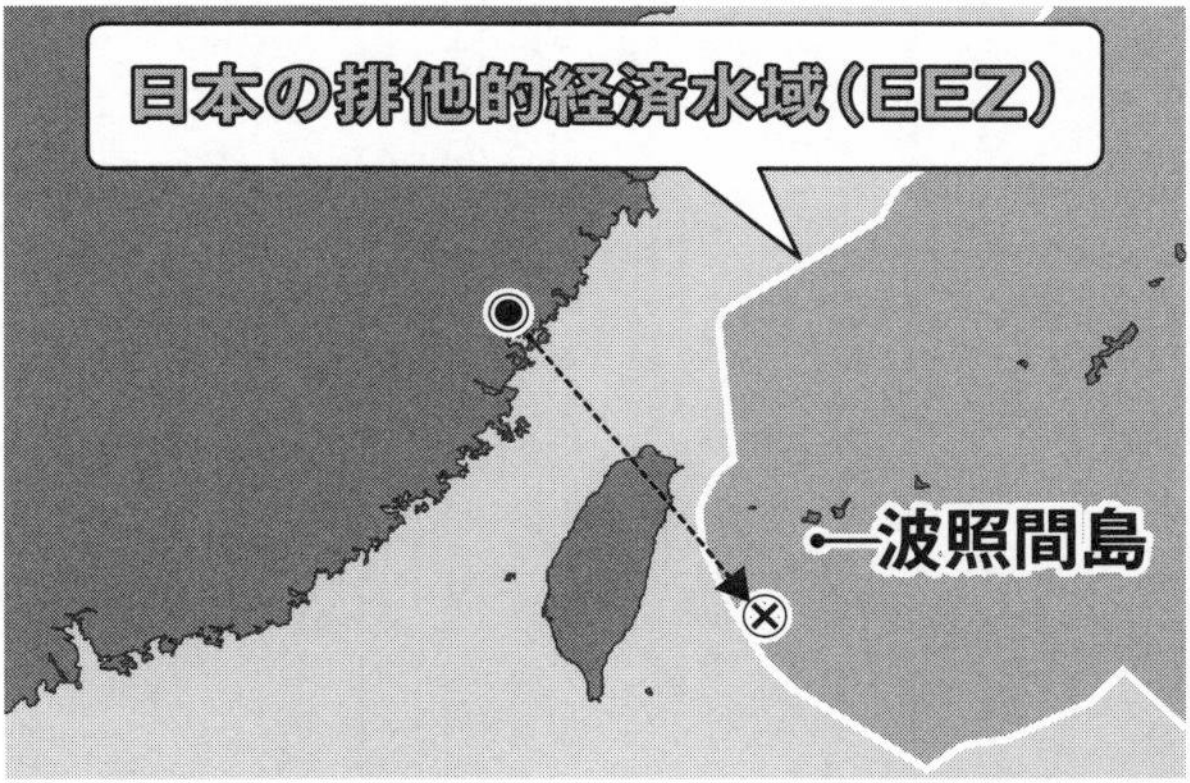
日本の排他的経済水域(EEZ)
波照間島

※防衛省の資料より作成

関連海域での両国の境界は未画定だ。
日本のEEZだという説は
どこから来たのか？
中国
汪文斌 報道官

写真：共同通信

離の中間線を設定して、これが日本と中国の境界線だと主張しています。一方の中国は、「大陸棚の自然延長」という考え方を持ち出して、沖縄近海まで中国の海域だと主張しています。

大陸棚の自然延長とは、２００海里を超えて大陸棚が延びている場合に、２００海里を超えた一定の距離までその国に深海底の開発の権利を認めるという考え方です。中国はこの考え方に基づいて、大陸棚が延長している部分まで全て中国の排他的経済水域だと主張しているのです。

中国の大陸棚が延びているのだから全部自分たちの排他的経済水域だと主張する中国に対し、日本は平等に真ん中で分けましょうと言っています。しかし、中国はこれを頑として認めない。話し合いが平行線をたどっているのをいいことに、今回、「日本のＥＥＺだという説はどこから来たのか」と居丈高《いたけだか》な態度を取ったのでしょう。

演習を終えた8月10日、中国は22年ぶりに台湾白書（「台湾問題と新時代の中国統一事業」）を発表しました。その中で、台湾の平和統一を目指す基本方針に変わりはないとしながらも、「武力行使の放棄は約束しない」と言っています。

日中、双方の主張

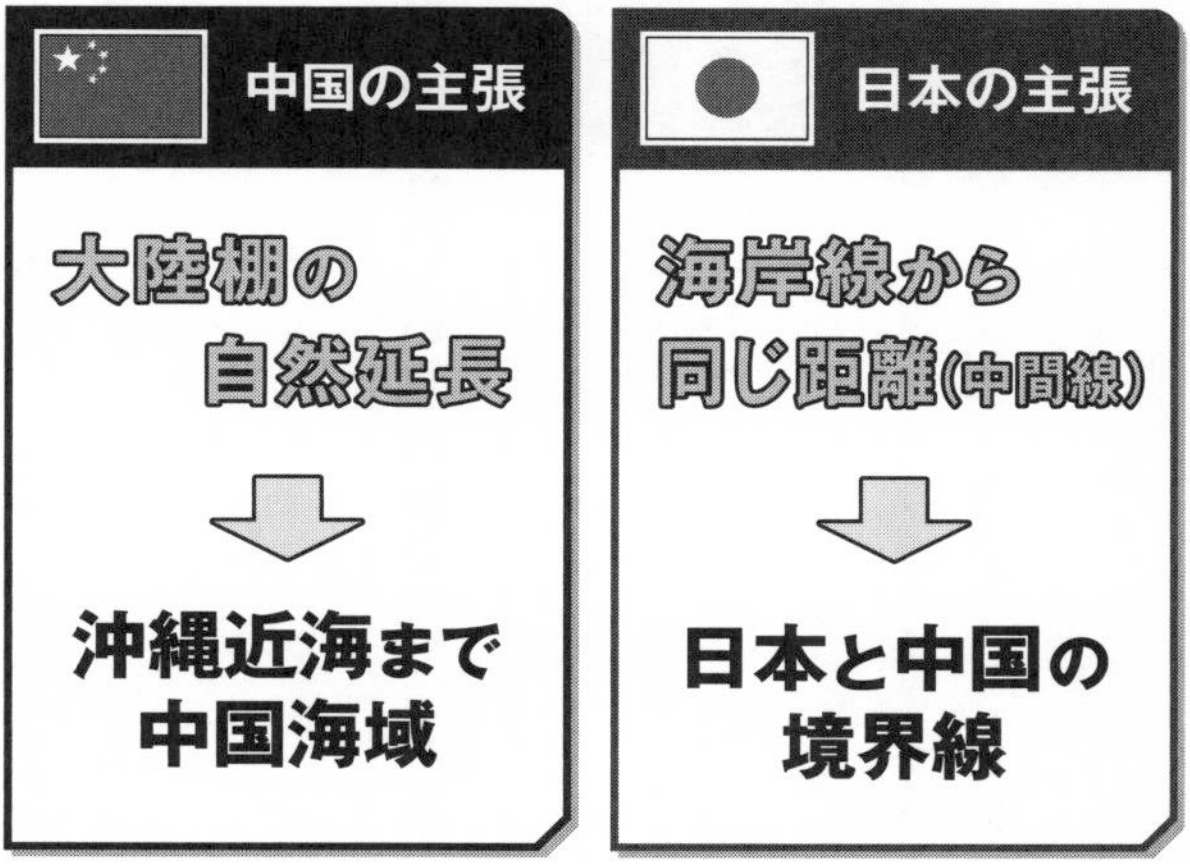

海の国際的なルール

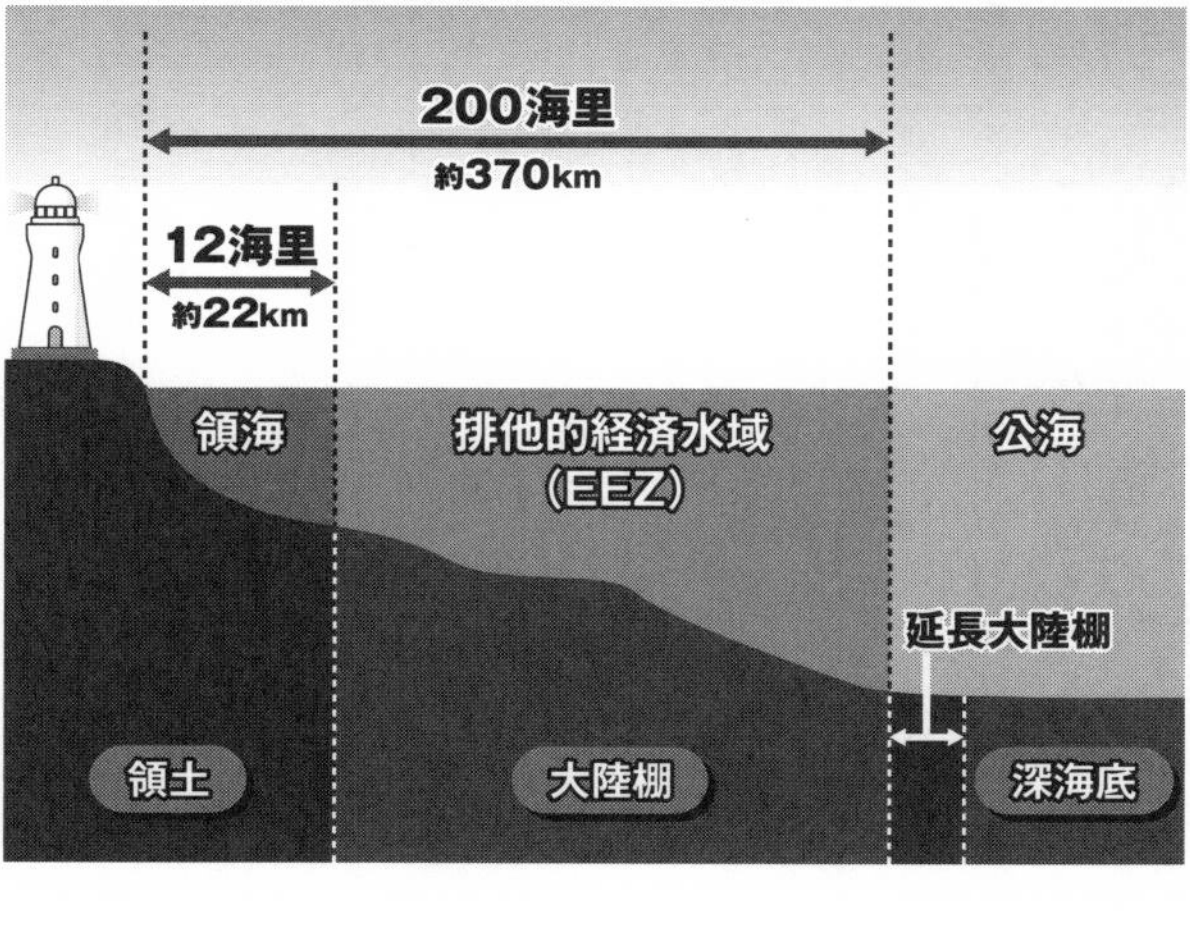

平和裏に台湾を統一できればそれがベストだけれど、できなかったら武力行使をすると改めて宣言したのです。また、台湾の独立を応援するような国は許さないと言って、アメリカを強く牽制《けんせい》しています。

■台湾有事で日本は巻き込まれる？

もし台湾が中国から攻撃されてアメリカが助けに行けば、日本にそれを黙って見ているという選択肢はありません。

台湾統一のために武力を行使した中国に対し、アメリカが台湾を守るという決断をした場合、アメリカ軍はどこから出動するでしょうか。グアムやハワイから行っても間に合いませんよね。一番近い沖縄の基地から出動することになります。

だとしたら、中国軍がそのアメリカ軍の基地を攻撃することは十分あり得ます。中国としては、台湾制圧の邪魔をされないように、早めにアメリカ軍の力を削《そ》ぎたいと考えるはずです。沖縄の基地からアメリカ軍の戦闘機が飛び立ってくるのであれば、それを事前に叩いておこうということで沖縄の基地にミサイルを撃ち込む可能性は当然あるわけです。あくまで仮定の話、理論上の話をしているだけですが。

在日米軍基地が攻撃されれば、日本は日米安保条約第五条に基づいてアメリカに協力して戦う義務があります。前にも述べたように、この場合、米軍基地は日本の領域内にあるので日本が攻撃を受けたのと同じだからです。

日本が他国から武力攻撃を受けたときに、政府がこれを「武力攻撃事態」と認定すれば、日本は個別的自衛権を行使することができます。その時は、自衛隊が日本の国を守るために出動し、アメリカ軍と一緒に戦うわけです。

つまり、台湾をめぐってアメリカと中国の戦争になれば、日本も中国と戦争することになりかねないし、そうなる可能性は高いのです。

もう一つ、別のシナリオも考えられます。２０１６年に安保法制が施行され、日本は集団的自衛権の限定的な行使ができるようになりました。

たとえば東シナ海や台湾の近くの海でアメリカ軍が攻撃を受けた場合、日本の自衛隊が助けに行って戦う、あるいはアメリカ軍に対して燃料を補給する。そういうことができる仕組みになっています。

後者の場合、戦っているのはアメリカ軍と中国軍だとしても、アメリカ軍に燃料を補給する自衛隊はアメリカ軍を助けているわけで、中国軍から敵と見なされ、自衛隊が攻撃される可能性があります。

こう見てくると、中国と台湾の関係悪化は、日本にとって決して他人事《ひとごと》ではないとわかるはずです。ひとたび台湾有事となれば、日本が巻き込まれることは避けられません。だからこそ、私たちは中国に対して「そういう無謀なことはやめましょう。台湾に対する武力行使は絶対にやめなさい」と、国際社会と一緒に声を大にして言い続けなければならないのです。

■QUADとIPEFで中国に対抗

ここまで中国による日本の領空への異常接近や領海侵入、台湾への武力威嚇などについて見てきました。いずれも日本に直接関係する深刻な問題ですが、中国の問題行

QUAD、日米豪印4カ国

写真：共同通信

動はこれにとどまりません。近年、経済が発展し軍事大国となった中国は、国際的なルールを無視して強引な行動を取り、世界のあちこちで問題を引き起こしています。これを何とかしなければということで作られ、注目を集めているのがQUAD（クアッド）とIPEF（アイペフ）です。

バイデン大統領が訪日した2022年5月、岸田総理との日米首脳会合が終了した翌日、オーストラリア、インドの首脳も加わってQUAD首脳会合が開かれました。オーストラリアからはアルバニージー首相が、インドからはモディ首相が参加しています。

ＱＵＡＤは、自由と民主主義という共通の価値観を持った日米豪印４カ国が「力による一方的な現状変更」を許さないという方針で一致団結し、特にインド太平洋地域で環境問題への対応、インフラ（社会資本）の整備、先端技術についての協力など様々な分野で力を合わせていこうという枠組みです。

この時、もう一つニュースになったのがＩＰＥＦでした。こちらは経済協力を目的とした集まりで、正式名称を「インド太平洋経済枠組み」といいます。インド洋と太平洋の周りの国々でできるだけ共通のルールを作り、貿易を盛んにしていこうという試みです。

日本とアメリカは現在、このＱＵＡＤとＩＰＥＦに力を入れており、その目的は中国に対抗することです。

中国の問題行動に共同で対策を取り、横暴な振る舞いは阻止する。それとともに、中国に依存しない経済圏を作る。そういう狙いがあります。

IPEF「インド太平洋経済枠組み」

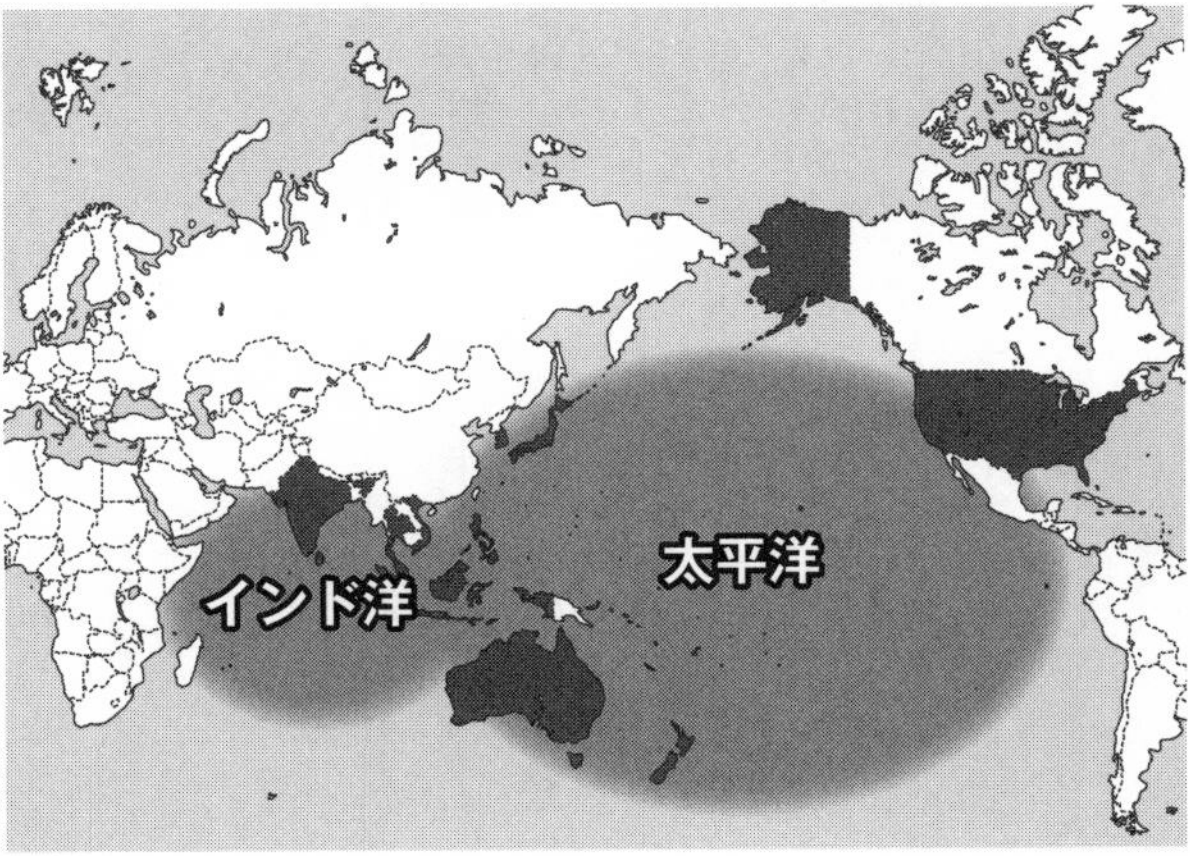

密漁、乱獲、サンゴ礁を埋め立てた軍事施設

たとえば海ではこんな問題が起きています。

中国は日本の排他的経済水域でイカなどを密漁し、それを国内の工場で加工して日本に輸出しているといわれています。また遠くガラパゴス諸島まで中国漁船が出て行ってサメを乱獲しているという話もあります。サメを獲るのは、高級食材のフカヒレに使うからです。サメのヒレだけ獲って残りは海に放すそうですが、ヒレのないサメは泳げないので死んでしまいます。

また南シナ海では、サンゴ礁などを埋め立てて、次々に人工島を造成してきました。その人工島が完全に軍事基地として完成したことが、最近アメリカ軍によって報告されています。

次ページの写真の島を見てください。南沙《なんさ》諸島（英語名：スプラトリー諸島）にあるファイアリー・クロス礁です。もともとサンゴ礁が固まってできた美しい島（正確には岩礁。岩礁とは大半が海中にあり、その上部がほんの少しだけ海面上に露出している岩のこと）でしたが、２０１４年に埋め立てが開始され、２０２２年4月現在、3千メートル級の滑走路を備えた人工島に変貌しました。

衛星写真には軍事基地で働いている人たちの住宅が写っています。その中に茶色っぽい建物があり、おそらく軍の関係者でも特に将校クラス、位の高い人たちの高級住宅でしょう。近くにはグラウンドやバスケットコート、プールなどもあって、軍の関係者がずっとここで生活できるようになっています。

既に、2千人程度が長期滞在できる人工島が三つ、ほぼ完成したとみられ（他はスビ礁、ミスチーフ礁）、最終的には南シナ海全域を射程に収めるミサイルをここに配

南沙諸島のファイアリー・クロス礁

写真：ゲッティ／共同通信イメージズ

備するのではないか、という見方が有力です。

中国が作った人工島の真の姿はミサイル基地、軍事基地でした。これについて中国は、「自国の領土で防衛施設を配置するのは当然の権利」と開き直っています。南シナ海は自分たちの海だから何をやろうと勝手、他の国は口を出すなというわけです。

ところで、人工島を造成するには埋め立て用の砂が必要です。中国は砂を大量に採取して埋め立てに使い、またコンクリートを作って、これで人が住める人工島を造成しました。

その結果起きたことは大規模な環境破壊です。サンゴ礁は死滅し、海の生態系が破壊されました。台湾の島の中には砂浜が消えてしまったところも出てきています。

このように、中国による密漁、乱獲、環境破壊は世界的な問題となっており、ＱＵＡＤで対処することが検討されました。

日米豪印の４カ国で中国の動きを監視し、人工衛星を使ってリアルタイムで違法操業を監視するシステムを作ったらどうか、というようなことです。宇宙から常に監視していれば、中国といえども勝手なことはできないだろうと考えたのです。

中国による問題行動

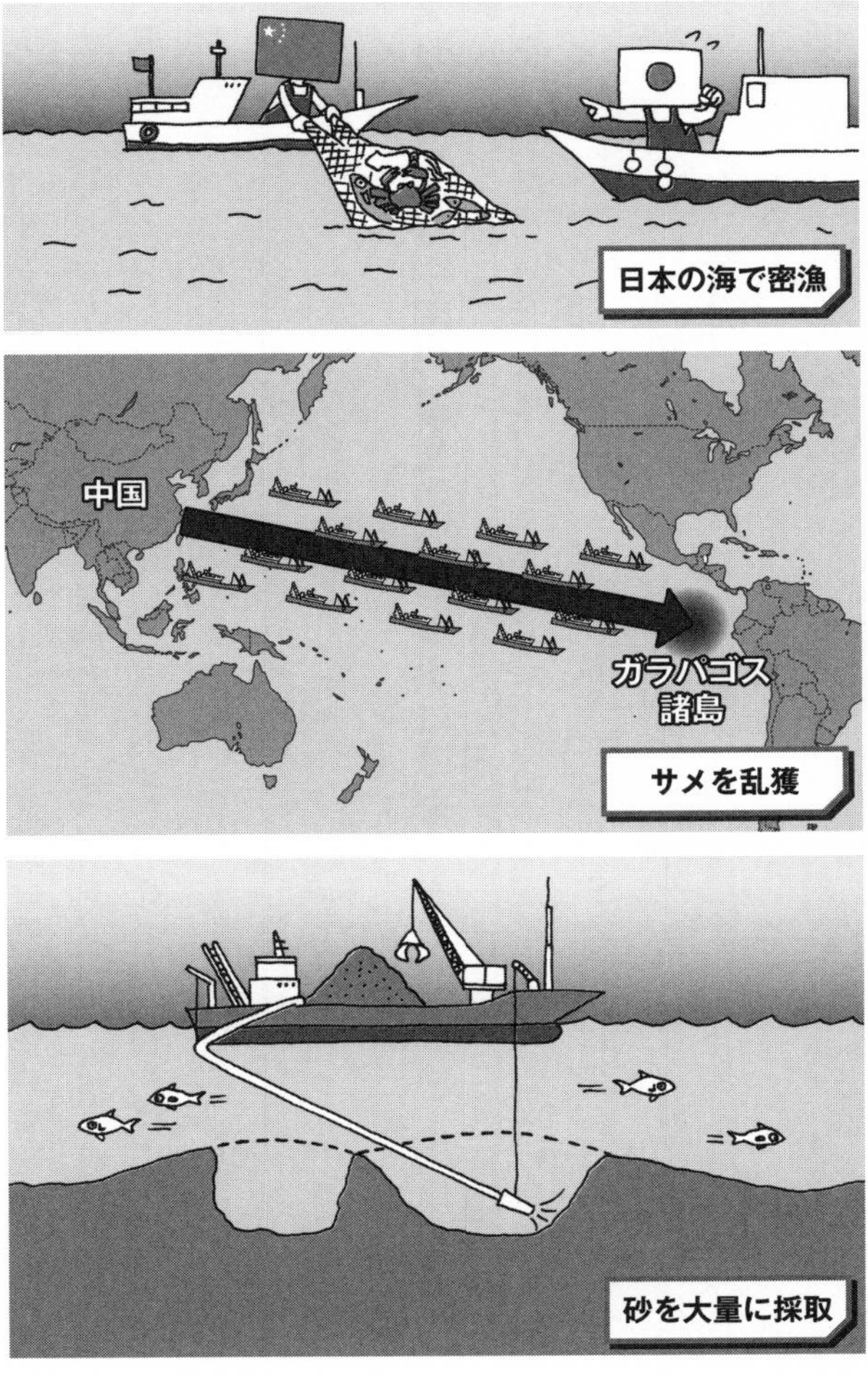
日本の海で密漁
中国
ガラパゴス諸島
サメを乱獲
砂を大量に採取

南シナ海の軍事基地化については、日本にできることは限られています。この問題は、もちろんQUADもできる範囲で対応しますが、AUKUS（オーカス）が積極的に取り組もうとしています。AUKUSは第1章29～31ページでも触れたように、アメリカ、イギリス、オーストラリアの3カ国が2021年9月に創設した軍事同盟で、それぞれの国名の頭文字を取ってそう名付けられました。

■スリランカは中国の借金漬けのワナにはまった！

中国の問題行動は他にもまだあります。途上国に中国がインフラ整備のためにお金を貸しているのです。途上国では、貿易や産業を活発にするために港や道路を作る必要があります。でもお金がない。そこに目を付けた中国が「どんどんお金を貸しますよ」と声をかけてきます。それ自体はいいのですが、実は金利が相場よりも高く、返済期間が短いのです。

結果的に、どこかで借金が返せなくなります。すると中国は態度を豹変《ひょうへん》させ、「そ

途上国のインフラを奪う「中国のワナ」

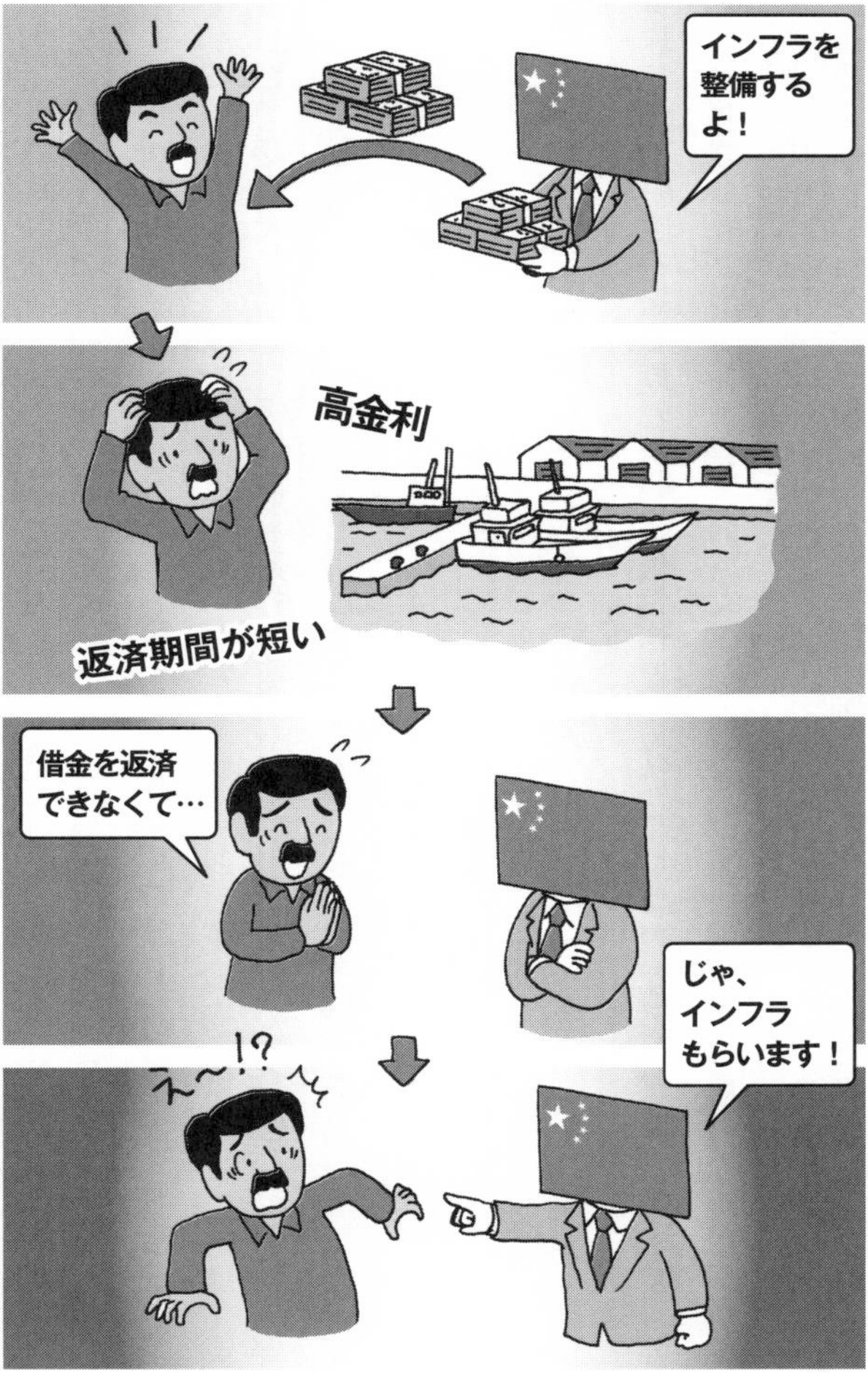

うですか。では、そのインフラはうちがいただきましょう」と、こうなるわけです。たとえばスリランカの場合、借金漬けにされて、事実上、中国にインフラを奪われました（港の運営権を99年間譲渡）。このため「中国のワナにはまった」などといわれています。

そこで、ＱＵＡＤでインフラ整備を引き受け、その国がちゃんと返せるようなお金の貸し方をして中国に頼らなくても済むようにする。そういう対策を始めました。高利貸しではないのですから、「ちゃんと返せるお金を貸そう」ということです。

■巻き返しを図るアメリカと日本の役割

世界各地で中国の振る舞いが問題視される一方、こんな調査結果が出ています。日本の外務省が東南アジア9カ国で行ったアンケート調査で、今後の重要なパートナーとなる国・機関はどこかと尋ねたものです。

それによると、日本は2位で、トップは中国。日本よりも中国の方が信頼されてい

今後の重要なパートナーとなる国・機関はどこ？

出典：外務省

るという結果になりました。

東南アジアの多くの国の政府は、南シナ海で我が物顔に振る舞う中国を苦々しい思いで見ていますが、何といっても中国は最大の貿易相手国です。中国の莫大なお金がそれぞれの国に流れ込んでいる関係上、東南アジア各国の国民にとって中国は頼りになる国でもあるのです。それで重要なパートナーとなる国の1位は中国になってしまいました。

このままいくと中国は2030年にもGDPでアメリカを抜いて世界1位に、すなわち世界一の経済大国になる見通しです。

TPP（環太平洋経済連携協定）からは

アメリカが抜けてしまい、今は中国が加盟を申請中です。さらに中国が主導して作った新しい経済協定のＲＣＥＰ（アールセップ）が２０２２年からスタートしました。ＲＣＥＰはＡＳＥＡＮ10カ国と日本、中国、韓国、オーストラリア、ニュージーランドの15カ国が加盟し、「東アジアの地域的な包括的経済連携」と呼ばれています。このように、中国がどんどん影響力を強め、アメリカの存在感は薄くなるばかりです。

この状況にアメリカが強い危機意識を持ち、このままだとアジア太平洋、あるいはインド太平洋は中国のものになってしまうと焦ったバイデン大統領が、いわば苦し紛れに打ち出したのがＩＰＥＦだということです。

その具体的な内容はこれからの話し合い次第ですが、重要なのが日本の役割です。

アメリカは経済面で中国に依存することはできるだけ避けたいと考えています。中国への経済依存度が高くなると、米中対立が激しくなったとき、「中国の言うことを聞かないのなら、この資源や製品はアメリカに売らない」と脅されてしまうからです。アメリカとしては、そういうことにならないようにしたい。またできるだけ中国に依存しない経済圏を作りたいと考えています。

•— アメリカの存在感が薄れ、中国の影響が強まる —•

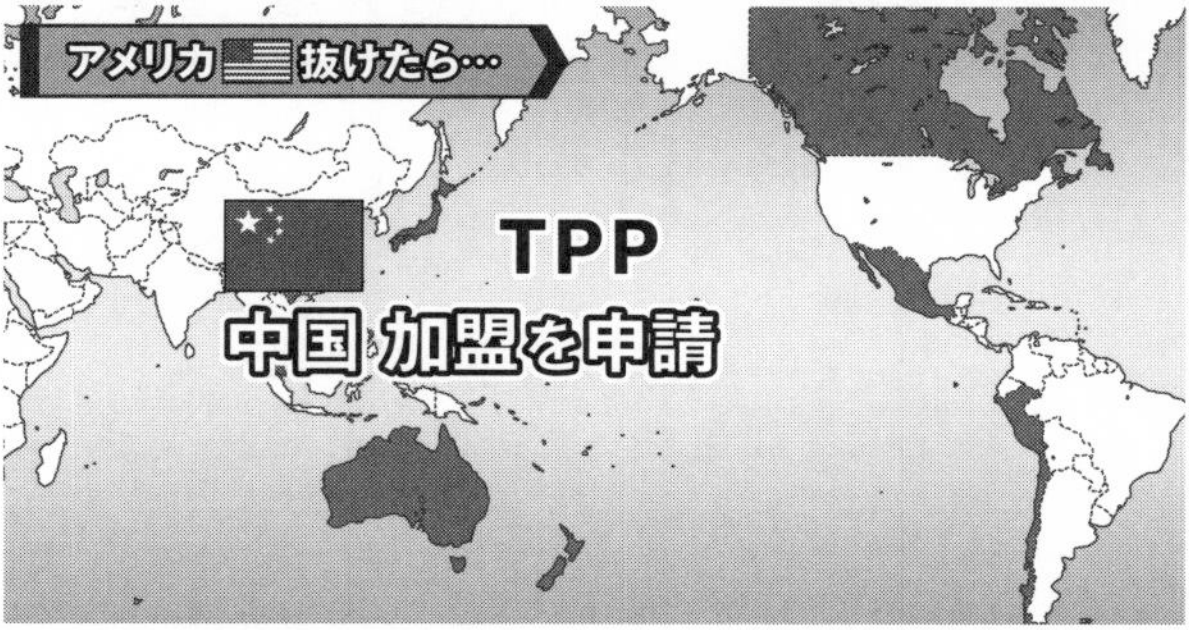

しかし、東南アジア諸国は中国なくして自分たちの国の発展はないと思っていて、中国の横暴な行動も黙認する傾向があります。

そこで日本が東南アジア諸国に働きかけて、できるだけアメリカと足並みを揃《そろ》えるように説得していく必要があるのです。この地域でアメリカが存在感を発揮できるように日本は協力すべきでしょう。そうすることが、中国の問題行動を抑止することにもつながるのです。

第4章

ロシアのウクライナ侵略

ウクライナ軍の士気は高く、国民は団結

ロシアのウクライナ侵攻が始まって1年近くが経ちました。ロシア軍に立ち向かうウクライナ軍兵士の士気は高く、海外に避難民が流出し、民間人にも多数の死傷者が出ているのに、それでも国民は軍を支えようと団結しています。

一方のロシア軍は、非常に多くの戦死者が出て、士気も低いとみられています。しかし、侵攻以来、東部から南部にかけてかなりの地域を占領し、2022年9月末にはプーチン大統領が東部・南部の4州を一方的にロシアに編入しました。

侵略した土地を自分の国のものにするのは国際法違反です。こんなことが許されるはずもなく、ウクライナも国際社会も猛反発しています。ゼレンスキー大統領は奪われた全領土を取り返すと宣言しており、戦いは当分終わりそうにありません。

ここではまず、そもそも何がきっかけでロシアの侵攻が始まったのかを振り返り、ウクライナで何が起きているのか、これからどうなるのかなど、ポイントを絞って解説します。

ソ連の消滅後、次々に加盟国を増やしたNATO

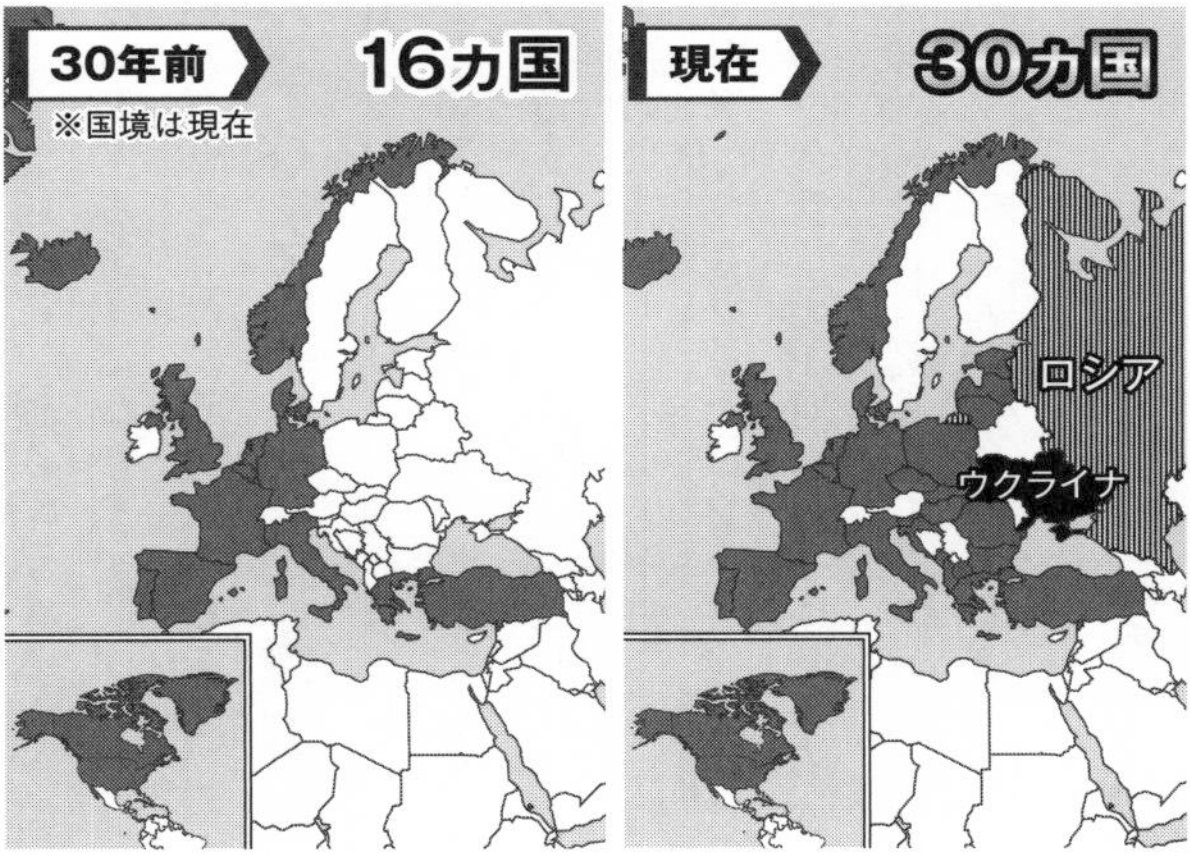

きっかけになった出来事は何だった？

第１章でも述べたように、ロシアが侵攻したきっかけはウクライナがＮＡＴＯに入りたいと言い出したことです。

ＮＡＴＯができたのは東西冷戦初期の１９４９年、ロシアがまだソ連だった時代です。西ヨーロッパの国々は国土面積の小さい国が多く、ソ連が攻めてきたらとても太刀打ちできないため、イギリスや北大西洋の向こう側のアメリカに協力を求め、一緒になって自分たちの国を守ろうとしました。

これがＮＡＴＯの始まりです。

1991年末にソ連が消滅すると、NATOは次々に加盟国を増やし、何かとロシアと対立するようになります。プーチン大統領は、NATOが拡大してロシアの国境に迫ってくることに危機感を覚えました。

NATOに加盟すれば、その国を守るために、たとえばアメリカ軍やドイツ軍が駐留します。

ということは、ウクライナがもしNATOに入れば、近い将来、ロシアの西隣に米軍が駐留するかもしれない。これはロシアにとって深刻な脅威だとプーチン大統領は考えたのです。

ロシアとウクライナはソ連時代は同じ国でしたが、今は全く別の国です。本来、独立国のウクライナが何をやろうと勝手であり、NATOへの加盟を望んだのも、ロシアを攻めるためではなくロシアから攻められないようにするためです。しかし、この理屈はプーチン大統領には通じませんでした。

●── プーチン大統領のウクライナ侵攻の目的 ──●

■「ロシア国民を守る」という理屈で攻撃

プーチン大統領は当初、ウクライナ侵攻の目的についてこう語っていました。

「ウクライナ東部の住民を保護するため」

東部の住民とは、ロシア語を話すロシア系住民のことです。ソ連時代はウクライナとロシアは自由に往来ができて、ウクライナ東部にはロシア系の住民が大勢住んでいました。ウクライナが独立したとき、そのロシア系住民がロシアから切り離されてウクライナ国民になったわけです。

こうした経緯があるため、中には「ロシ

アと一緒になりたい」と思っている人もいて、そこに目を付けたプーチン大統領はロシア語を話す人たちにロシアの国籍を与えてロシア国民にしてしまいました。

ウクライナに住むロシア国民がウクライナの政権から抑圧されている。抑圧されたロシア国民はロシア政府が守らなくてはいけない。だからわれわれは軍隊を派遣した、というのがプーチン大統領の言い分です。

ウクライナや国際社会から見れば、これはロシアが仕掛けた「戦争」です。でも、プーチン大統領は「戦争」とは言わないで「特別軍事作戦」と言っています。あくまでウクライナにいるロシア国民を守るための特別な軍事作戦であり、「戦争ではない」と言い張ってきました。

随分身勝手な理屈ですが、これがロシア国内の大多数から支持された背景には、ウクライナ東部でずっと戦闘が続いていたことがあります。

2014年に東部のロシア系住民の中から武装勢力が現れて、ウクライナ軍との間で地域紛争が始まりました。過去8年間に双方合わせて約1万4千人が死んでいます。武装勢力だけでなく一般のロシア系住民も大勢死んでいて、「これ以上死者を出さな

ロシア語をやめてウクライナ語に

いために ロシア軍が出動するのだ」というプーチン大統領の説明は、ロシア国内ではそれなりに説得力を持ったわけです。

しかし、多数の犠牲者が出ているのはウクライナも同じです。ウクライナとして到底受け入れられるような話ではありません。

ロシアとは似ているようで実は大違い!?

侵攻が始まったばかりの頃、首都キーウにミサイル攻撃が相次ぎ、毎日のように衝撃的な映像が流れて、信じがたい思いでテレビ画面を見ていた人も多かったと思います。

当時はウクライナの首都は「キーウ」ではなく「キエフ」と言っていました。ウクライナはもともとソ連の一部だったのでソ連の公用語であるロシア語を人々は使っていました。都市名もロシア語読みです。そのこともあって日本ではウクライナが独立した後もロシア語読みで通してきたのですが、ロシアと対立するようになったウクライナ政府は「ロシア語読みはやめてウクライナ語で読んでほしい」と日本に働きかけてきました。

そこで日本政府も、ロシアが侵攻したのを見てウクライナ語読みにすると決め、呼び方を変えました。

以来、日本のメディアもそれにならっています。

チェルノブイリはチョルノービリに、ハリコフはハルキウに、オデッサはオデーサにそれぞれ変わりました。

私たち日本人がロシア人とウクライナ人を見た目で区別するのは困難ですが、彼らは同じキリル文字を使っていても言葉はかなり違います。

ウクライナの貨幣、ロシアの貨幣

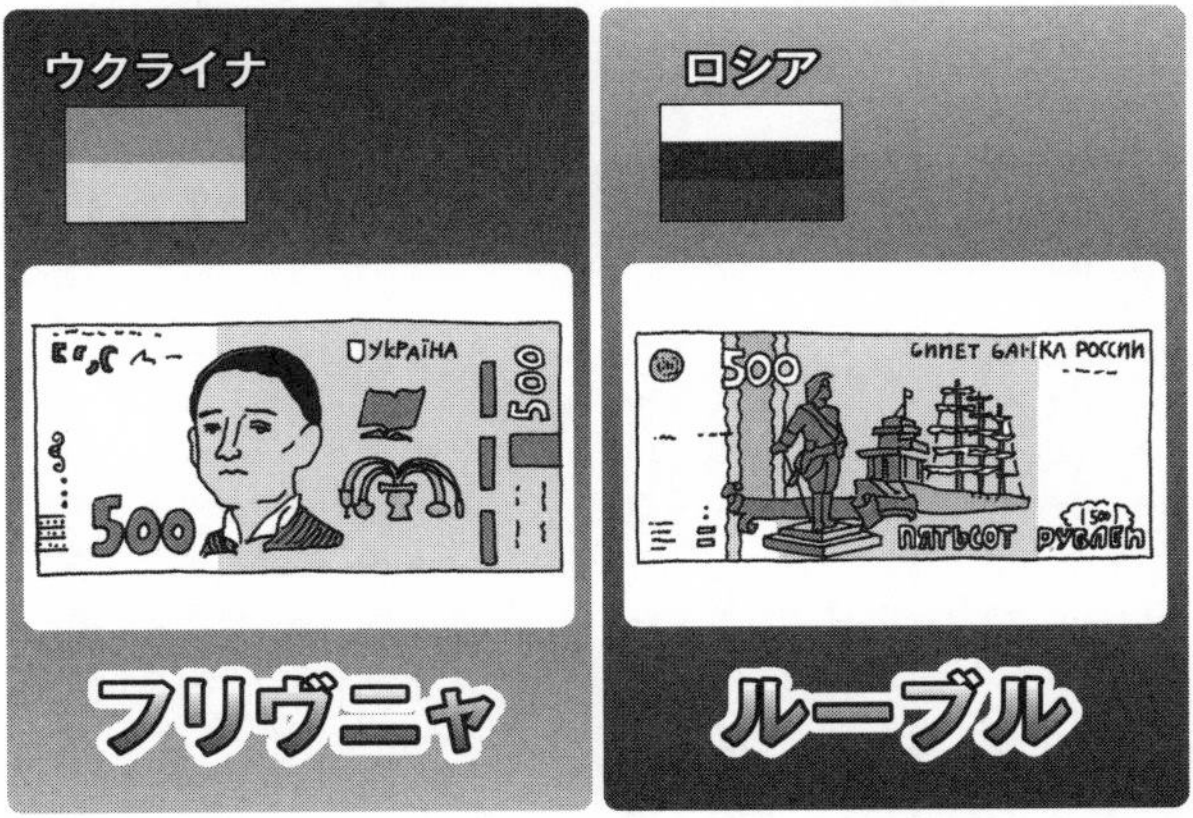

特に話し言葉に関しては、半分ぐらいしか通じないといわれています。

ロシア語とウクライナ語は、似ている部分もあれば違う部分もあるのです。キリル文字の使い方も少し違うそうです。

使われている貨幣も違います。ロシアの貨幣はルーブルですね。では、ウクライナの貨幣は？

正解はフリヴニャです。1フリヴニャが日本円にして4～5円ぐらい。上の図にある見本のお札500フリヴニャは2千円～2500円ぐらいになります。

■ロシアの狙いは攻め方や場所でわかる!?

次のページに掲げたのは、侵攻から2カ月半ほど経った5月7日時点の地図です。これを見て不思議だと思いませんか。普通ならロシアとウクライナの国境沿いに、もっと北の方から攻めてきそうなものです。でも実際は、東から南へ南へと向かっています。

そこには恐ろしい狙いが隠されていました。「東部に住むロシア系住民を守るため」と言いながら、ロシアは最初からそれ以上のことを考えていたのです。

ロシアの狙いはこういうことだったのではないかといわれています。

「ウクライナから海を奪おう」

オデーサを制圧して黒海に面した南部を全部占領すれば、ウクライナは内陸国になってしまいます。海がないとどうなるでしょうか。

ウクライナは小麦やトウモロコシの一大生産地で、それを黒海の港から海外に輸出してきました。しかし、港が封鎖されてしまえば輸出できません。小麦やトウモロコ

支配地域をつなぐように侵攻

※2022年5月7日時点
出典：Institute for the Study of War

※2022年5月7日時点
出典：Institute for the Study of War

ロシアが強引に支配した地域、領土

シの在庫は山積みになり、いわば宝の持《も》ち腐《ぐさ》れになるのは目に見えています。

ウクライナ経済は大打撃を受け、ウクライナの国力がガクンと落ちてロシアの言うことを聞かざるを得ないようになる。これこそロシアの狙っていたことでした。

ウクライナ東部では、２０１４年に親ロ派武装勢力が勝手に「ルガンスク人民共和国」と「ドネツク人民共和国」を名乗って独立を宣言。その時からそこは事実上ロシアの支配地域になりました。

ロシア系住民が多く住むクリミア半島も、ロシアが強引に「自分の領土だ」と主張して２０１４年３月に併合し、以来ロシアが支配しています。

そこで、この二つの支配地域をつなげるように攻め込むことでアゾフ海沿岸部を占領し、さらにオデーサを含むウクライナ南部一帯を全てロシア領にする意図があったのではないか、と考えられています。

なお、地図上のアゾフスタリ製鉄所に立てこもっていたウクライナ軍は投降し、5月17日にマリウポリは陥落しました。

「次の標的か」とニュースになったモルドバ

この頃、次の標的ではないかとニュースになったのがウクライナの隣にあるモルドバです。これにはニュースになるだけの理由がありました。

プーチン大統領と非常に仲が良く、何かあれば頼ってきたのがベラルーシのルカシエンコ大統領です。「欧州最後の独裁者」と呼ばれる人物ですが、この人がうっかりミスをしたのではないかとみられています。

侵攻開始から約1週間後の3月1日にベラルーシで安全保障会議が開かれ、ウクライナと周辺国の大きな地図を前に、ルカシェンコ大統領がロシア軍の動きを説明している様子が公開されました。

その地図には、ロシア軍がウクライナの首都キーウなどに攻め込むおおよそのルートが描かれています。ところが、映ってはいけないものまで映っていたのです。

南の黒海に近い方に目をやると、沿岸部からモルドバまでラインが延びていて、ロシア軍がモルドバを攻撃するかのように見えます。うっかりミスだったのか、その部分が映り込んでいました。

ロシアはウクライナ南部を占領したら次はモルドバに侵攻するつもりだということがここから読み取れます。

ウクライナとモルドバにはいくつも共通点があり、どちらも旧ソ連の構成国で政権は欧米寄りです。両国ともロシア系住民も多く住み、一部地域を実質的にロシアが支配してきました。

モルドバの国内にはロシア系の住民が住む「沿ドニエストル共和国」という自称独

ロシアの次のターゲットか!?

立国があります。ドニエストル川に沿った「国」なので「沿」という字を付けてそう名乗っていますが、国際社会は承認していません。あくまで自分たちで独立したと言っているだけです。

この「沿ドニエストル共和国」で一時、原因不明の爆発事件が相次いで起こりました。沿ドニエストル側はモルドバが攻撃してきたと主張したのですが、「相手が先に手を出したから自衛のために攻撃する」という理屈を立てることは、これまでロシアがよくやってきたことです。

そういう意味で非常に怪しい。「ロシア系住民の保護」を理由にロシアは軍を派遣するかもしれない。もしウクライナ南部が取られた場合、次のターゲットはモルドバかもしれないということです。

■プーチン大統領はジョージアも狙っている！

さらに、この国も危ないとニュースになったのがロシアとトルコの間の国です。日本では以前、別の名前で呼んでいました。数年前に名前を変えたジョージア、元グルジアです。

この国ももともと旧ソ連の一部でした。グルジアという呼び方自体、ロシア語読みです。この国の人たちは、本来自分たちのことを「サカルトベロ」と言っていますが、とにかく「グルジア」はやめてほしい、せめて英語読みで「ジョージア」にしてほしいと日本に要請してきたため、政府もそれを受け入れて現在は「ジョージア」という呼び方に変わりました。

ジョージアも、実はロシアから離れて親欧米路線をとり、ＮＡＴＯへの加盟を望ん

ジョージアと親ロシア派の緊張状態

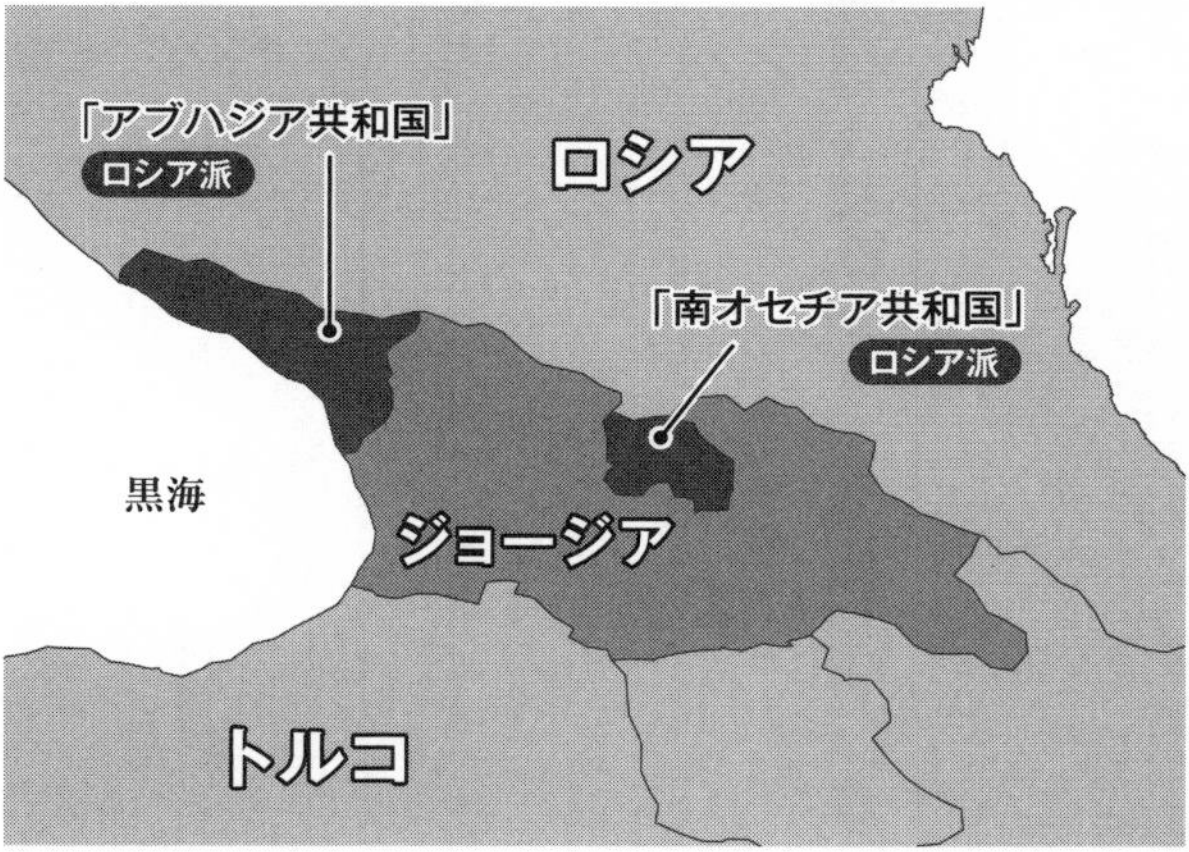

でいます。

すると、西欧の仲間入りをしたい、NATOに入りたいと言ったとき、そこに必ず親ロシア派の地域ができるのです。

ジョージア国内で「南オセチア共和国」と「アブハジア共和国」が独立を宣言しました。どちらも世界各国は認めていません。認めていないのですが、先ほどの「沿ドニエストル共和国」も含めて、それぞれ認められていない国同士でお互いを認め合っています。

問題は、南オセチアとアブハジアの内部にロシアと一緒になりたいという声があり、独立を認めないジョージアとの間で緊張状

態が続いていることです。

ジョージアとロシアは２００８年に戦争もしています。ジョージアが南オセチアを制圧しようとして軍隊を出したところ、ロシアが猛烈に反発して戦争に発展したのです。当時はグルジア戦争と言っていました。

ロシア相手に戦争して勝つ力はジョージアにはありません。ジョージアは目的を果たせず、それ以来、南オセチアにはロシア軍が駐留しています。

こんなふうに東ヨーロッパでは、ウクライナ侵攻前からロシア派と欧米派が対立し、混乱が続いてきました。

■強そうなロシアが苦戦している理由は？

侵攻が始まってから1年経ち、終わりの見えない戦闘が続く中、強いロシアを相手にウクライナは善戦しています。

最初は2、3日で首都制圧かといわれていたのに、首都防衛に成功。いったんはロ

ウクライナが善戦している理由は？

対戦車ミサイル「ジャベリン」

写真：共同通信

ジャベリン1発
約1000万円
で
戦車1台
3〜4億円
を破壊

シア軍に占領された北部地域を約2カ月で奪還しました。東部や南部でも一進一退の攻防を繰り返しながらウクライナ軍はじりじりとロシア軍を後退させ、9月には東部で大規模な反転攻勢に出ています。

今ではロシアの方が守勢に回っているように見えます。なぜウクライナはこんなに粘ることができているのでしょうか。

兵士や国民の士気が高いこともさることながら、NATO諸国が様々な武器を提供したことが一番の要因です。特にアメリカが支援して首都キーウ防衛に大きな効果を挙げたといわれているのが、対戦車ミサイル「ジャベリン」です。

射程約2・5キロメートルのジャベリンは持ち運びが可能で、扱い方もとても簡単。遠くの戦車に狙いを定めてボタンを押せば、あとは標的に向かって自動で飛んでいきます。「撃ちっぱなし」ができるので、兵士は撃った後、すぐに移動すれば反撃されにくいというメリットもあります。

攻撃方法は2種類あり、どちらかを選んで発射します。一つは戦車に向かってまっすぐ行く「ダイレクトアタック」、もう一つは途中で上昇してから落下する「トップアタック」です。

首都防衛戦ではこのトップアタックが効果的でした。戦車は外側（周囲）はとても頑丈にできていますが、上からの攻撃に弱いところがあります。兵士が乗り降りする上部は装甲が薄く、ミサイルが上から突っ込んでくると簡単に破壊されてしまうのです。

ジャベリン1発の値段は約1千万円します（出典：米国防省2021年予算）。これによって破壊されるロシア軍の戦車が1台3億〜4億円ということですから、費用対効果は抜群ですね。

ウクライナは、この最新兵器をアメリカから大量に提供してもらい、キーウ周辺や北部地域での戦いを有利に進めました。ロシアはウクライナと戦っていると言いながら、背後にいるアメリカと戦っているようなものです。その結果、ウクライナが大国ロシアと互角に勝負ができている、あるいはロシア軍が苦戦を強いられている、という状況が生まれました。

■武器の援助を続けて長期化を覚悟

アメリカをはじめＮＡＴＯ諸国などがウクライナに武器を供与していることにロシアは苛立《いらだ》ちを露わにしてきました。

ロシアには、ウクライナに武器支援をする国をウクライナと同列とみなして、それらの国々を攻撃するという手もあります。しかし、それをやれば一挙に第三次世界大戦に発展しかねません。なぜならウクライナに武器を送っているのは主にＮＡＴＯ諸国だからです。どこか1カ国を攻撃しただけでロシアは加盟国全て（30カ国）を敵に回すことになり、さすがに無理があります。

そこでプーチン大統領は、「武器支援はロシアに敵対する行為だ」と非難したり、武器の搬入ルートにあたるウクライナ西部の都市にミサイルを撃ち込んだり、鉄道インフラを破壊したりしてきました。そうやって武器の支援をやめさせようとしていますが、ほとんど効果はないようです。

一方、ウクライナ軍の善戦ぶりを見たアメリカは、２０２２年4月頃、ウクライナ支援の目的を大きく変更しました。ロシアがもう二度と他国を侵略できないようにしてしまおうと考えるようになったのです。

侵攻当初は、とにかくウクライナを守らなければということで様々な武器を供与したわけですが、アメリカにとってもウクライナ軍の善戦は予想を超えるものでした。

「ウクライナ軍は次々にロシア軍を打ち破り、ロシア軍を押し返している。戦車などを多数破壊し、ロシア軍将兵には相当大きな被害が出ている。ならば、ただ防衛するだけでなく、もっと高性能な武器も提供して、ウクライナ軍が攻勢に出るのを支援しよう」

このような考え方に変わったのです。

ウクライナ軍と戦えば戦うほどロシア軍は弱体化し、他国に出ていく余裕はなくなるはずです。

「他国を侵略する力がなくなれば、その分ヨーロッパは安全になる」

そう考えたアメリカは、ウクライナ支援を通じてロシア軍を徹底的に叩きつぶそうと方針を転換しました。アメリカが供与する武器も、より高価で本格的なものに変わっていきました。射程約25キロメートルの155ミリ榴弾砲《りゅうだん》（榴弾は破壊力、殺傷能力の高い砲弾のこと）、無人攻撃機「スイッチブレード」、地上配備型対艦ミサイルシステム「ハープーン」、射程約80キロメートルの高機動ロケット砲システム「ハイマース」などです。

ロシアと徹底的に戦うということになれば、中途半端な形での停戦は考えにくくなります。核兵器や化学兵器を持つロシアが簡単に引き下がるとは思えないので、戦いは長期化することが予想されます。

■経済制裁があまり効いていない理由は？

ロシアに対しては、侵攻直後からG7各国やヨーロッパの国々が厳しい経済制裁を科してきました。ロシア経済に大打撃を与え、ロシアが戦争を続けられないようにしようというのがその目的です。

輸出入を禁止したり、ロシアの銀行を国際的な金融決済ネットワークから排除して

対ロシア経済制裁の国と地域

※2022年5月21日時点
出典：ロイター

お金のやり取りを難しくしたり、重要人物の海外資産を凍結したりと、できる限りのことをやっていますが、どこまで効いているのか疑問ですよね。

経済制裁というと、日本を含めて世界中がロシアに対して制裁を行っているような印象を持っている人がいるかもしれません。でも、実はそうではないのです。

世界１９０カ国以上のうち、ロシアへの経済制裁に参加しているのは40の国と地域です（出典：ロイター　22年5月21日時点）。思ったよりもはるかに少ない。特に中国やインドなど経済規模の大きな国が参加していないことが、制裁の効果を弱めています。

ロシアとの関係を重視する国は、ロシアを怒らせるようなことはしたくないのでしょう。

経済制裁をしている国も、ロシアとの貿易取引を完全に止めるのは難しい。ロシアはエネルギー大国であり、石油や天然ガスを一切輸入しないと決めたら、困るのはむしろヨーロッパです。

ロシアに匹敵するエネルギー大国のアメリカは、ロシア産原油、天然ガス、石炭の輸入を禁止しました。これに対し、ヨーロッパの多くの国はエネルギー供給をロシアに頼っており、とてもアメリカのような真似はできません。

ＥＵ（ヨーロッパ連合）は22年5月末に何とかロシア産原油の輸入禁止で合意にこぎつけましたが、ハンガリーの強い反対でパイプライン経由の輸入は除外せざるを得ませんでした。天然ガスについては、同じ年の年末までにロシア産への需要を3分の2減らす方針を決めました。

こうした努力によって、ＥＵではエネルギー供給のロシア離れが徐々に進み始めました。

「ロシアエネルギー」への支払額
（侵攻開始から6カ月）

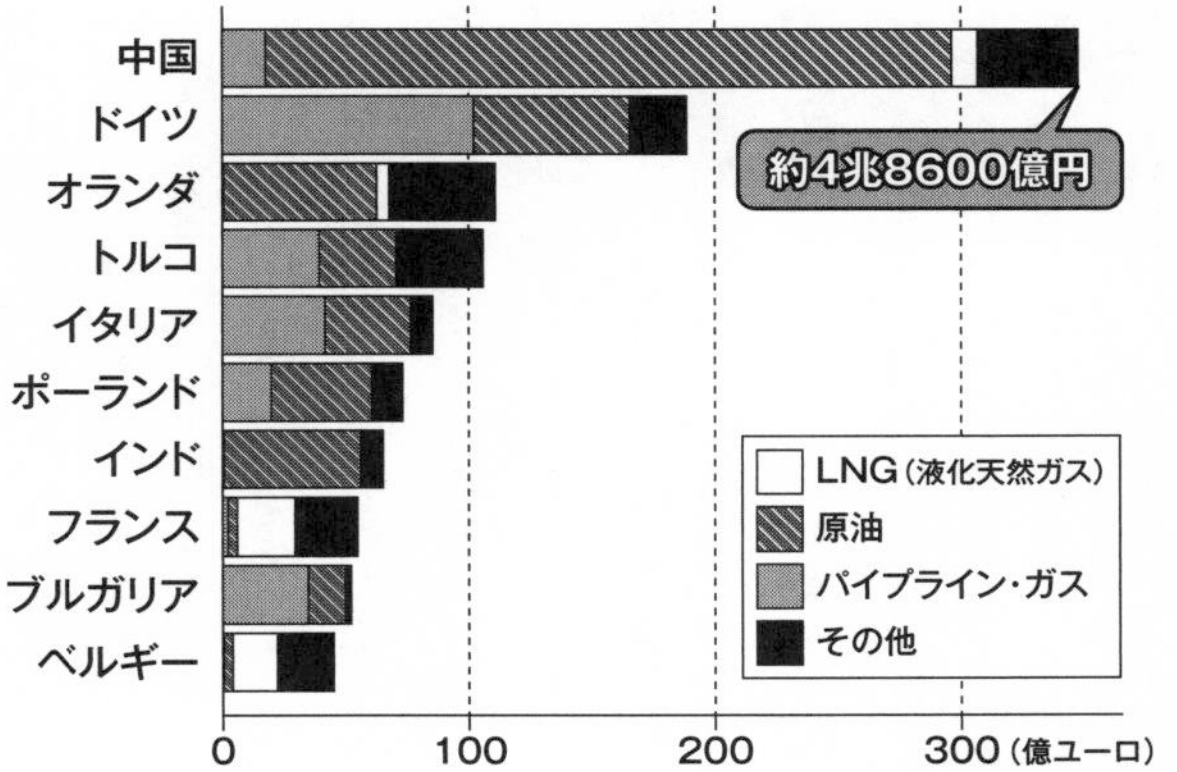

出典：CREA

上のグラフを見てください。侵攻開始から6カ月間にロシアのエネルギー（原油、天然ガス、石炭など）に対して支払った額を国別にまとめたものです。

ロシアは総額約22兆円を受け取り、そのうちの54%、約11兆８５００億円がＥＵの輸入分です。ＥＵの中で一番多く買っているのがドイツですね。ＥＵの割合は以前と比べて減りましたが、それでも5割を超えています。

ところが、逆に割合を増やした国があります。それが中国です。グラフでは断トツの１位。約４兆８６００億円（３４９億ユーロ）をロシアに支払っています。（以上

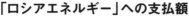

の出典：ＣＲＥＡ）

ロシアにとって中国は、ＥＵなどで売れなくなった原油を代わりに買ってくれる貴重な顧客です。

このように、経済制裁を受けている中にあっても、ロシアは戦争を継続するのに十分なお金をＥＵや中国などから受け取っているのです。ロシア経済に大きなダメージを与えようとしても、なかなかうまくいかないのはこのためです。

では、日本はどうかというと、日本もＧ７の一員として経済制裁に参加しています。ただ、資源に乏しい日本としては、ロシア産原油の輸入をいきなりやめるわけにはいかず、段階的に禁止することを表明しました。様子を見ながら徐々に減らしていくというやり方です。天然ガスは輸入を禁止すると影響が大きいため、制裁は見送っています。

このようにいろいろと問題はありますが、40の国と地域が経済制裁を実施したということは、やはり大きな意味があります。制裁の対象はエネルギー以外にも幅広い分野に及んでいて、ボディーブローのように効いてくるはずです。効果が現れるまでに、ある程度時間がかかるのはやむを得ません。逆にいえば、経済制裁にはウクライナ侵攻をすぐ止めるような力はないということです。

経済制裁も、長い目で見てロシアを弱体化させていく取り組みの一つと考えたほうがよさそうです。

■温暖化対策が遅れるかもしれない

さらに、ロシアの影響で温暖化対策が遅れるかもしれないという問題が起きています。

発電するときは石炭や石油よりも天然ガスを使ったほうが二酸化炭素の排出量が少なくて済みます。ドイツを例にとると、温暖化対策で二酸化炭素を減らさなければいけないので、最終的には再生エネルギーをメインにするけれども、途中経過として天然ガスに切り替えようとしていました。

それがロシアの暴挙でできなくなります。ロシアから天然ガスを買わないようにするには石炭火力発電を再開するしかないという動きが強まり、そうなると温暖化対策が何年か遅れてしまう。このように、にっちもさっちもいかないような状況に陥っています。

もしドイツがロシア産天然ガスの輸入を完全にやめた場合、50万人以上の失業者（出典：ドイツ経済研究所）と2年で30兆円の経済損失（出典：ＩＦＯ経済研究所）が出るともいわれています。

資源は買わないといけない……どうする？

別の方法としてロシア以外から天然ガスを買うという選択肢もあります。これはドイツだけでなくＥＵの他の国々も模索していますが、その場合、天然ガスの値段は上がりますよね。

たとえば中東では、カタールのように天然ガスの豊富な国に注文が殺到して価格が高騰しました。その結果、ロシアから買うのに比べて大幅にコストが上がり、経済的な打撃を受けることになります。

さらに、パイプラインか液化した天然ガス（LNG）かという問題もあります。ドイツはロシアの天然ガスをパイプラインで輸入しています。しかし、カタールなどよその国から輸入するときは、LNGをタンカーで運んできて港の近くにそれを貯めておく施設が必要です。ドイツにはこの施設がないのです。

急いで作ろうとしていますが、完成までに数年はかかるそうで、当分はロシアからの輸入に頼るしかないというわけです。

ロシアを強く非難できないインド

ロシアへの経済制裁を行っていない国の一つにインドがあります。インドは侵攻直後に行われた国連でのロシア非難決議（2022年3月）も棄権しました。

なぜインドはロシアに毅然とした態度をとらないのでしょうか。これには歴史的な背景があります。

アメリカとソ連が対立していた東西冷戦さなかの1950年代、インドの製品は質が悪く、輸出ができなくて経済はボロボロ。そんなインドを救ったのがソ連でした。インドはソ連の経済援助のおかげで発展できたともいわれているのです。

そういうソ連あるいはロシアに対するお礼の気持ち、自分たちの国がここまで発展できたのはロシアのおかげだという思いがあるのと、ロシアとは1993年に友好協力条約を結んでいて軍事面で大切なパートナーだということがあります。

インドの近くに、インドともめている国が2カ国あります。パキスタンと中国ですね。インドはどちらとも戦争したことがあります。とにかく国境や領土をめぐって争いが絶えない。常に緊張状態にあり、最近もインドと中国が軍隊同士で衝突して、インド兵が死亡しました。

インドとしては、対立する中国を背後からソ連（ロシア）に牽制《けんせい》してもらいたい。そこで冷戦時代に中国と仲の悪かったソ連に接近し、その時築いた関係がずっと続いているわけです。

さらに、パキスタンとまた戦争になるかもしれないということで、ロシア製の安い

インド・ファーストの方針

世界が2つのブロックに
分かれている時
インドは人類に対して
独立した立場をとり
国益を優先していく
インド
モディ首相
写真：共同通信

兵器を大量に買っています。インド軍の兵器の約6割がロシア製というデータもあります（出典：ストックホルム国際平和研究所）。アメリカ製は値段が高いのがネックになっているようです。

そうやってロシア製の兵器を大量に買っていると、ロシアとは喧嘩《けんか》したくないという気持ちになるのは自然の成り行きです。結局、インドとしては、自分の国を守るためにもロシアとは良好な関係を維持したいと考えているのです。

しかし、インドはＱＵＡＤの重要な一画を占める国です。ＱＵＡＤに参加している以上、日米豪と足並みを揃《そろ》えて対ロ制裁に参加すべきと思うのですが、インドの考えは違っていました。

アメリカはインドに、武器も原油も支援するからロシアへの制裁を考えるよう求めました。これに対してインドのモディ首相はこう言っています。

「世界が二つのブロックに分かれている時、インドは人類に対して独立した立場をとり国益を優先していく」

要するに、インド・ファーストなんですね。対中包囲網という点ではインドは頼もしい存在ですが、ロシアに対しては及び腰です。その根底にはインド・ファーストの方針があるということです。

■ウクライナ軍が東部で反転攻勢

2022年9月から10月にかけてウクライナでは戦況を一変させる出来事が起きました。

東部ルハンシク州とドネツク州の西隣がハルキウ州です。ロシア軍はハルキウ州の

地図で見るウクライナ軍の反転攻勢

2022年9月12日

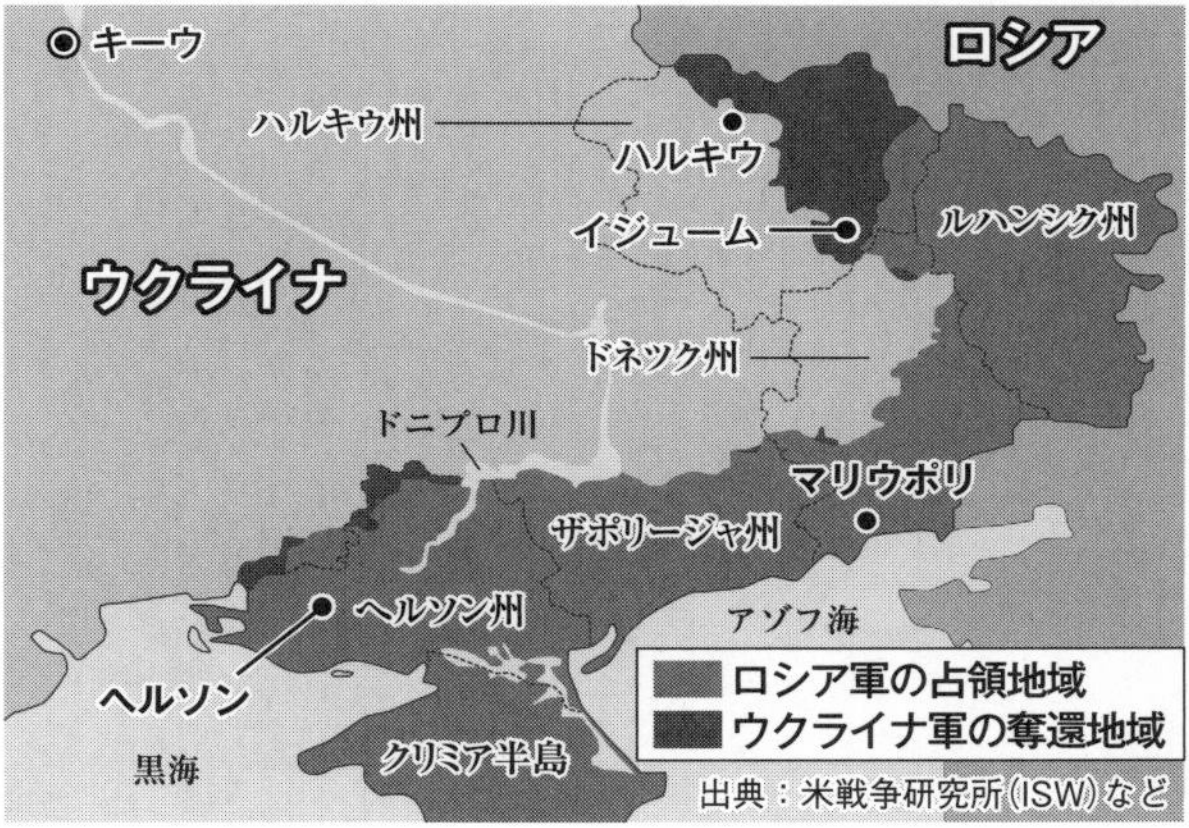

出典：米戦争研究所(ISW)など

約半分を占領していましたが、9月に入るとウクライナ軍が反転攻勢に出て、短期間のうちにロシア軍を敗走させたのです。ウクライナ軍はそのまま進撃を続け、月末までにハルキウ州の大半の領土を奪還しています。

反転攻勢が成功したのにはいくつか理由があります。

一つは士気の違いです。ウクライナ軍兵士には祖国を守るという強い気持ちとロシアの侵略への怒りがあり、士気は極めて旺盛です。

一方のロシア軍兵士は、簡単に決着がつくと思っていたのに戦闘が長引いたことや

•── 高機動ロケット砲システム「ハイマース」 ──•

写真：共同通信

ウクライナ側の反撃を受け戦死者が続出したことで戦意を喪失し、士気は低いといわれています。このため、ウクライナ軍が攻めてくると、ロシア軍兵士たちは戦車を捨て、武器・弾薬を残したまま慌てて撤退する例が続出しました。

二つ目は、アメリカなどが提供した近代的な兵器が効果を発揮したことです。特に射程約25キロメートルの155ミリ榴弾《りゅうだん》砲と高機動ロケット砲システム「ハイマース」が有効でした。高機動とは車両の機動性が高いこと、つまり迅速な移動ができることです。

ハイマースは最大射程が約300キロメ

ートルあり、そのままウクライナの戦場に投入すればロシアの領土内も攻撃することができます。しかし、それをやればプーチン大統領を刺激してどんな反応が返ってくるかわかりません。そこでアメリカは射程を約80キロメートルに制限した上でウクライナに供与しました。

それでも80キロメートルの射程があれば、ウクライナ軍はかなり離れたところからロケット弾を撃ち込むことができます。砲弾はGPS（全地球測位システム）で誘導されるため命中精度が高く、ハイマースを使ってロシア軍の後方支援部隊を撃破し、前線に武器や弾薬が届かないようにしています。このやり方が功を奏したのです。

三つ目は、ロシア軍の戦車不足や戦車の劣化です。これには経済制裁が関係しています。

米欧日の経済制裁により、ロシアは処理能力の高い半導体や先端技術製品を入手できなくなりました。今では多くの兵器に半導体が使われており、特に陸上戦闘の要である戦車には欠かせない部品です。しかし、ロシアに高水準の半導体を自分たちで生産する技術力はなく、これまで輸入に頼ってきました。その半導体が入ってこなくなったのです。

これでは新しい戦車が造れず、戦車が損傷しても適切な修理ができません。これが戦車不足や戦車の質の劣化を招きました。

ウクライナ軍がロシア軍から奪った戦車を調べたところ、食洗機や冷蔵庫の半導体が転用されていたそうです。そんな戦車では使い物になりませんよね。

経済制裁で必要な部品が調達できないため、ロシアは戦車だけでなく他の兵器や砲弾の補充にも四苦八苦しているようです。

■「4州併合」で高まった核使用のリスク

ウクライナ軍の勢いを見て焦ったのか、ロシアは9月21日、突如として「部分的動員令」を発令しました。ロシア軍が兵力不足に陥っているとして、軍務に就いた経験や軍事知識のある予備役から約30万人を召集するというものです。対象者に召集令状が届けば、最前線に送られるのは確実です。

これにはロシア国内でも不満の声が上がりました。各地で抗議デモが発生したほか、徴兵逃れのためトルコやアルメニア、ジョージアなどにロシアの若者が先を争って脱出する異常事態となり、ＥＵでも早速、ドイツやフランスがロシア人の受け入れを表明しました。

ウクライナは、ロシア軍兵士に向けた「投降ホットライン」を設けて投降を呼びかけています。

これまでプーチン大統領の「特別軍事作戦」を支持していた人たちも、いざ自分が戦場に行くかもしれない、あるいは自分の夫や息子が徴兵されるかもしれないとなると、にわかに反旗を翻したのです。

プーチン大統領は「部分的動員令」に署名する際、欧米諸国への脅しともとれる声明を発表しました。

「わが国の領土の一体性が脅かされる場合には、ロシアとわが国民を守るため、われわれは、当然、保有するあらゆる手段を行使する。これは脅しではない。〈中略〉核兵器でわれわれを脅迫しようとする者は、風向きが逆になる可能性があることを知る

べきだ」（出典：ＮＨＫ）

「あらゆる手段」という言葉で核兵器の使用をほのめかし、「これは脅しではない」と典型的な脅し文句を付け加えています。また、核兵器で脅されたときは同じことをするとも発言しました。

要するに、ロシアの領土が攻撃されたら核兵器を使うこともありえるし、もし欧米側が核兵器を使えば、それに対しては核兵器で報復すると示唆したわけです。

■一歩間違えば第三次世界大戦に発展！

さらに危険な動きが立て続けに起きました。９月下旬、東部ルハンシク州とドネツク州、南部ザポリージャ州とヘルソン州の合計４州で「ロシアへの編入を問う住民投票」が行われ、圧倒的多数の賛成で承認されたと発表しました。

これを受けたプーチン大統領は、９月30日に４州のロシアへの併合を発表。ウクライナ東部・南部一帯を一方的にロシアの領土にしてしまったのです。

ロシアが4州併合宣言（2022年9月30日）

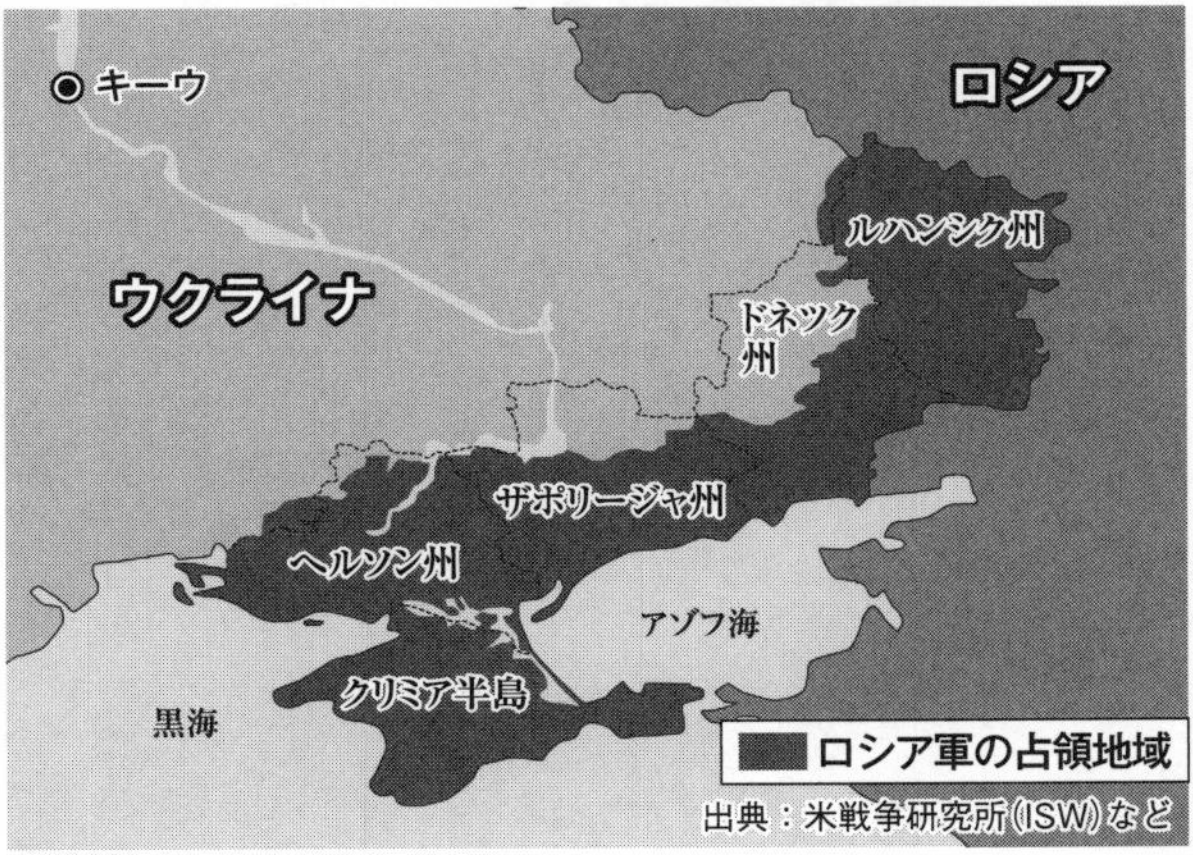

4州はロシア軍が完全に掌握しているわけではなく、ウクライナ側が支配している地域やウクライナ軍が奪還した地域もあります。しかし、ロシアが併合を宣言したのは4州の境界線の内側全てです。他国の土地を併合するのはもちろん国際法違反ですが、未占領地域まで自分たちのものだと言う神経の図太さに、多くの人は唖然《あぜん》としたのではないでしょうか。

ウクライナ政府は猛反発し、バイデン大統領もロシアを非難、国連のグテーレス事務総長も「国連の目的と原則に背く行為で、危険なエスカレーションである。現代社会にはふさわしくないし、決して容認してはならない」とロシアを厳しく批判しました。

　こうしたロシアの強引な行為により、ウクライナ情勢をめぐって国際社会は一気に緊迫の度を増しています。

　既にウクライナ軍は、ロシアが併合したと称する東部・南部の4州内に兵を進めています。戦いは4州内でも行われており、プーチン大統領の言葉を額面通りにとれば、「ロシアの領土の一体性」が脅かされていることになります。

　かねてよりロシアは、「通常兵器による攻撃であっても、国家の存立が危険にさらされた場合は核兵器を使うことができる」としており、プーチン大統領が核兵器を使うかもしれないという心配が急速に高まっています。

　戦略核兵器のような巨大な破壊力を持つ核をいきなり使うことはないと思いますが、戦術核兵器と呼ばれる小型で小規模な核兵器を使うことは、あり得ないことではありません。

　しかし、万が一そんなことになった場合、アメリカやNATOがどう出るかです。これまでのように、戦闘はウクライナ軍に任せて、背後から武器支援するというやり方を続けるわけにはいかなくなるでしょう。

アメリカが直接、軍事介入する可能性が出てきます。そしてロシア軍とアメリカ軍が直接交戦することになれば、ＮＡＴＯ加盟国はアメリカ側に立ってアメリカと一緒にロシアと戦うはずです。

これはもう後戻りのできない戦争、すなわち第三次世界大戦の勃発《ぼっぱつ》です。ロシアはベラルーシ、カザフスタンなど6カ国でＣＳＴＯという軍事同盟を結んでおり、それらの国々はロシアと共同歩調を取る可能性もありますが、こちらは加盟各国がロシア離れの姿勢を示しているので、どういう行動をとるか現時点では不明です。

北朝鮮は否定していますが、砲弾不足に苦しむロシアに北朝鮮が大量の砲弾を提供したという情報もあります。

ロシアと軍事的に緊密な関係にある北朝鮮、そして軍事大国中国の動きも気になるところです。

■ロシアが日本に攻めてくる心配は？

ところで、ロシアのウクライナ侵攻以来、日本国内ではロシアに対する警戒感が強まりました。

考えてみると、遠い国のように思うかもしれませんが、日本とロシアは隣同士です。日本の北方領土はロシアに不法占拠されており、返還に向けて長い間、話し合いを続けてきました。それもロシアの侵攻で一方的に打ち切られました。

もう北方領土の話なんかしないぞという意思表示の可能性があります。北方領土問題の解決はさらに遠のくことになりそうです。

また、日本がロシアに経済制裁をしたことに対して、ロシアは怒って日本を「非友好国」に指定しました。ロシアのヘリコプターが北方領土近くの根室半島南東沖で領空侵犯する事件も起きましたし（2022年3月）、ロシアと中国の艦隊が日本列島の周辺で共同歩調を取って航行するといったことも起きています。

ロシアが日本に攻めてくるのではないかと怖がる人がいます。これは心配のしすぎで、ロシアは北方領土を実効支配しているので、それ以上わざわざ北海道などに攻めてくることはないだろうというのが専門家の基本的な見方です。

そもそも今のロシアはウクライナ方面の戦いで手一杯です。極東地域を守っている兵士たちも、大多数をウクライナに送り込んでいるほどです。そんな状態なので、とても日本を攻撃する余裕はないのです。

むしろロシアは、この隙《すき》をついて日本が北方領土を奪い返しにくるのではないかと心配して、北方領土で軍事演習をやったりしています。

いくらウクライナとの戦いが大変でも、そこは軍事大国ロシアです。隙を見せないように、ロシア軍がここにいるんだぞということをアピールするために軍事演習をやるわけです。

ただし将来的に、アメリカとロシアの緊張関係が非常に高まった場合は、日米同盟VSロシアという形で軍事的にぶつかる可能性はあることを考えておきましょう。

第5章

戦争を止めることはできない!? 国連の仕組み

■ロシアの暴走を止められない国連

ロシアのウクライナ侵攻という戦後の国際秩序を根底から揺るがす大事件が起きたのに、国連（国際連合）はロシアの暴走を止めることができず、侵略は今も続いています。

ゼレンスキー大統領は2022年3月、「国連の安保理が機能しない。改革が必要だ！」と世界に訴えました。

岸田文雄総理も9月の国連総会演説で「大戦の惨禍を繰り返さないと固く決心した国連の創設者は、我々が直面する国際秩序に対する挑戦を見たならば何と思うでしょうか」と述べ、今こそ改革に向けて動く時だと加盟国に呼びかけました。

世界190カ国以上が加盟する国連は、世界で最も重要な国際組織です。その国連が機能不全に陥っているとしたら問題は極めて深刻です。

ところで、私たちはその国連についてどれだけのことを知っているでしょうか。ロシアの侵攻以来、何度も開催されてきた国連安全保障理事会。また新型コロナウイルスでは国連のＷＨＯ（世界保健機関）が情報発信してきました。

日々のニュースで頻繁に名前を耳にする国連ですが、どんな組織でどんな活動をしているのか意外と知らないかもしれません。ここでは、日本にとっても重要な存在である国連のことをわかりやすく解説します。

そもそも何をするために集まったのか？

１６５ページの上の写真を見てください。国連といえば、よくこんな風景を見ませんか。ニューヨークにある国連本部の前にずらりと加盟国の国旗が並んでいます。

この旗、左から右にアルファベット順に並んでいるのですが、一番目はどの国かわかりますか？

答えはＡから始まるアフガニスタン（Afghanistan）です。では、最後の国は？

これはジンバブエ（Zimbabwe）ですね。

国連本部前には１９３の加盟国の旗にバチカンとパレスチナを合わせて合計１９５

本の旗が並んでいるのです。

ちなみに、国連本部は専用の警察や消防を備えており、その土地はアメリカだけでなく全ての加盟国のものです（共同所有）。

下の写真は、国連本部の中で最も広い国連総会の総会議場です。国連総会は全加盟国が投票権を行使して意思決定する機関で、大きな国も小さな国も等しく1票を持ち、これによって決議案の採決を行います。年1回、9月に通常総会が開かれ、必要に応じてその都度開催されることもあります。

国連総会の席次はアルファベット順で決まります。ただ、アルファベット順だと各加盟国の代表はいつも同じ場所に座ることになり、後ろの方に座った国はずっと後ろです。それでは平等とはいえないということで、毎回、総会が始まる前に国連事務総長がくじ引きをして先頭の国を選んでいます。アルファベット順ではあるけれども、総会ごとに座る席が違うということですね。

国連本部は政治家や偉い人たちが集まるお堅い場所というイメージですが、実はあなたも入れます。ニューヨークの観光名所になっていて修学旅行生や観光客に大人気。

ニューヨークにある国連本部

写真：共同通信

総会議場など内部を案内してくれるガイドツアーもあるのです。

ここでは著名人がスピーチをすることもあります。最近話題になったのは韓国の人気グループＢＴＳで、２０２１年９月、ＳＤＧｓ（持続可能な開発目標）に関する国連のイベントがあったとき、韓国の大統領特使として国連総会に出席し、総会議場でスピーチしました。

国連本部では俳優のレオナルド・ディカプリオ（２０１６年）やエマ・ワトソン（２０１４年）なども演説しています。

■国連が目指すのは世界平和の実現

国連の一番重要な目的は、世界平和です。世界が平和になるように多くの国が集まって話し合う場、それが国連だということです。

そのことがよくわかるのが国連の旗です。旗には北極から見た地球が描かれており、全ての大陸が平等に配置されています。そして、その周りを囲んでいるのがオリーブ

国連の旗

オリーブの葉は
平和の象徴

の葉。オリーブの葉は平和の象徴ですね。でも、なぜオリーブの葉が平和の象徴なのでしょう？

旧約聖書の「ノアの方舟《はこぶね》」の話はご存じですね。40日間雨が降り続いて地上が洪水に飲み込まれ、ノアの方舟に乗った人や動物だけが生き残ったという話です。

　雨がやんでしばらくしてから、ノアがそろそろ陸地が出てくるかなと思って鳩を飛ばしたところ、オリーブの葉をくわえて戻ってきました。

　オリーブの葉があるということは、水が引いて陸地が出てきたということだ、危機は去ったというわけです。

ここからオリーブの葉が平和の象徴と考えられるようになりました。

最も重要なのが安全保障理事会

国連が平和のためにどんなことをやっているのか見てみましょう。

たとえば人権や平等に関する国際的なルールを作ったり、貧しい国への食料支援を行ったり、難民保護や災害救助を行ったり、あるいは紛争地域の平和維持を行ったりと、実に様々な活動を行っています。

有名な関連機関には、ＷＨＯやユネスコ、ユニセフなどがありますね。新型コロナウイルスが国際的に大流行したときは、ＷＨＯ（世界保健機関）が感染症の実情を集約して世界に情報発信していました。これも国連の活動の一つです。

ユネスコ（国連教育科学文化機関）は世界遺産の審査などを行っています。また学校に行けない子どもたちのためには、ユニセフ（国連児童基金）が支援にあたっています。子どもを争いや貧困から守ることがユニセフの目的です。

そうやって国連は、健康、人権、経済、教育など様々な問題を解決して平和で安全な世界を作ろうとしているのです。

さらに、平和と安全を守る国連の諸機関の中で最も重要なのが安全保障理事会です。次のページの下の写真を見てください。各国の代表が円卓を囲んでいる様子をよくニュースで見ますよね。中学校の公民の教科書にも必ず出てきます。

安全保障理事会は国連の中核となる組織であり、特に国際的な紛争で急を要する対応が必要なときは緊急に招集されます。

たとえば安全保障理事会（略して安保理）が、他国を侵略した国に対して経済制裁をしよう、などと決定した場合、その命令は絶対で、全加盟国が従わなければいけないルールとされています。

ところが、ロシアのウクライナ侵攻が起きたとき、安保理は「侵攻を止めなさい。ロシア軍はすぐ撤退しなさい」と決めようとしたのですが、それができませんでした。肝心なときに肝心なことを決められなかったので、国連は何をしているんだということになったのです。

国連は何をする機関？

写真：共同通信

実は安保理で物事を決める仕組みには問題があり、今回、その問題がクローズアップされることになりました。

■ウクライナ侵攻を止められない理由

平和を守るはずなのに戦争を止められないなんておかしいですね。でも、その理由は仕組みを見ればよくわかります。

193カ国で話し合っていたらなかなか話がまとまらないので、15カ国から成る安保理が全加盟国を代表して物事を決定します。

この15カ国は、さらにこんなふうに分かれています。

常任理事国という5カ国と非常任理事国の10カ国です。常任理事国が常に固定された同じメンバーなのに対し、非常任理事国は任期2年で地域別に選挙で選ばれます。日本は直近の選挙で非常任理事国に12回目の当選を果たし、2023年1月1日から安保理で仕事を始めました。12回目というのは、非常任理事国の中では日本が最多です。

問題は常任理事国です。5カ国にだけとても大きな特権が与えられています。それが、いわゆる拒否権です。安保理で決議案を採択するときは、原則15カ国のうち9カ国以上の賛成があれば通るのですが、常任理事国5カ国のうち1カ国でも「ノー」と言えば通らない仕組みになっています。

たとえ14カ国がやろうと言っても、常任理事国が1カ国でも反対したら採択できない。そんな強い力を持っているのが「5大国」と呼ばれる国々です。

アメリカ、イギリス、フランス、ロシア、中国の5カ国です。

今回、常任理事国のロシアが他国を侵略するという暴挙を行いました。安保理ではそのロシアが拒否権を使ってくるため、ほとんど何も決まらない状態が続いています。それでウクライナ侵攻を止めることができないのです。

日本や欧米はロシアに対して経済制裁をしていますが、これはあくまで自主的なもの。安保理で決めて全加盟国に命じるのが本来のルールです。しかし安保理の機能不全でそれができません。そこで各国がそれぞれの判断で制裁を行うかどうか決めてい

国連の仕組み

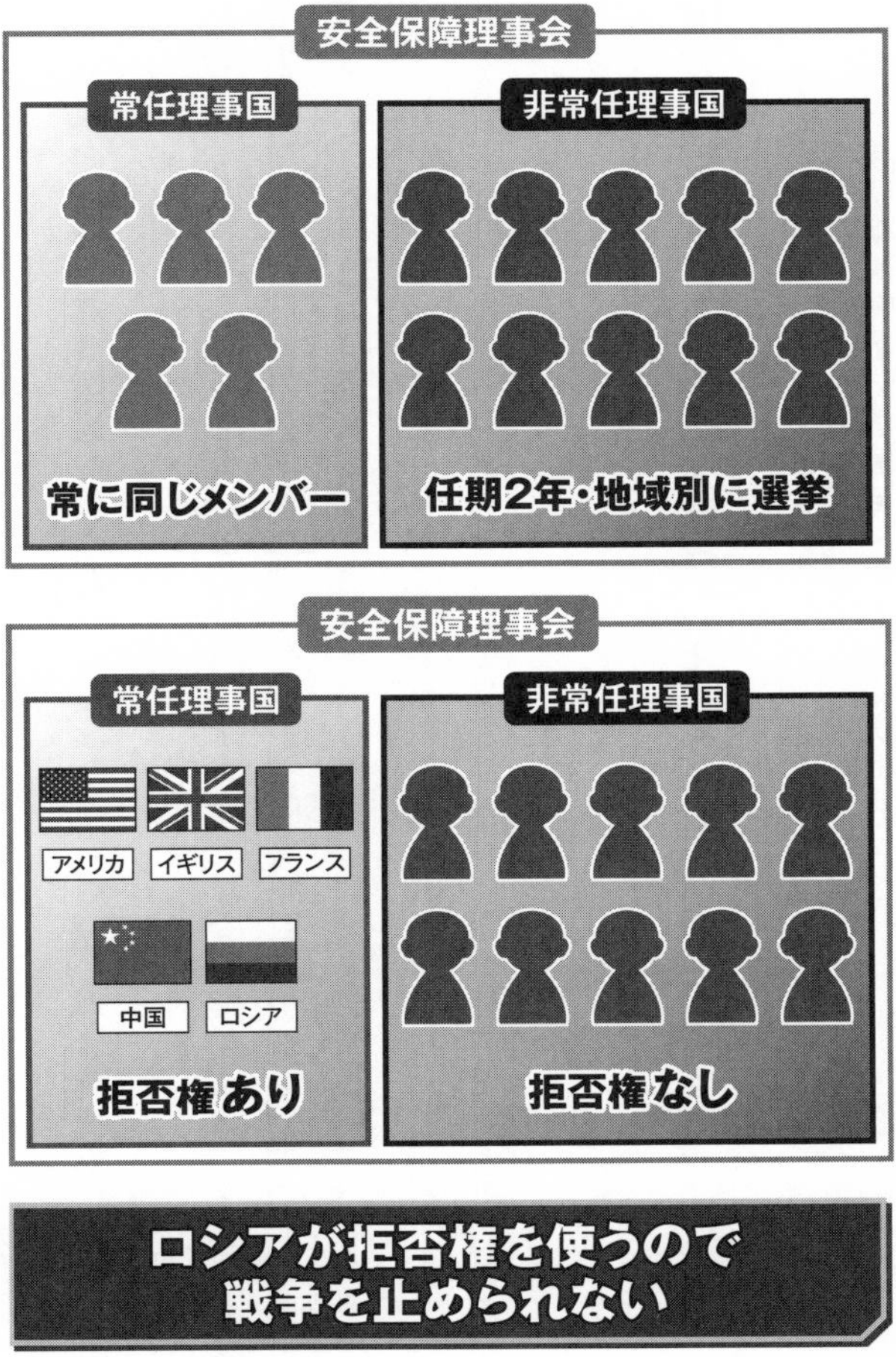
安全保障理事会
常任理事国
非常任理事国
常に同じメンバー
任期2年・地域別に選挙
安全保障理事会
常任理事国
非常任理事国
アメリカ
イギリス
フランス
中国
ロシア
拒否権あり
拒否権なし
ロシアが拒否権を使うので
戦争を止められない

ます。

ロシアへの経済制裁は国連が決めたものではなく、そのため経済制裁していない国の方が多いのです。

国際社会で暴挙を繰り返しているのはロシアだけではないですよね。北朝鮮も核・ミサイル開発を推し進めてきました。ウクライナ侵攻後もミサイルを連発する北朝鮮に対してもっと厳しい経済制裁をしようという提案には、ロシアと中国が拒否権を使って反対を表明。こうなると手の打ちようがありません。「平和を守ると言いながら何もできないではないか。国連は無力だ」と批判の声が高まっています。

特別な「5大国」はどうやって決まった?

ここで疑問が浮かびます。なぜこの5カ国だけ特別なのでしょうか?

第二次世界大戦の戦勝国だから。これがその理由です。

国連とはどんな組織か？

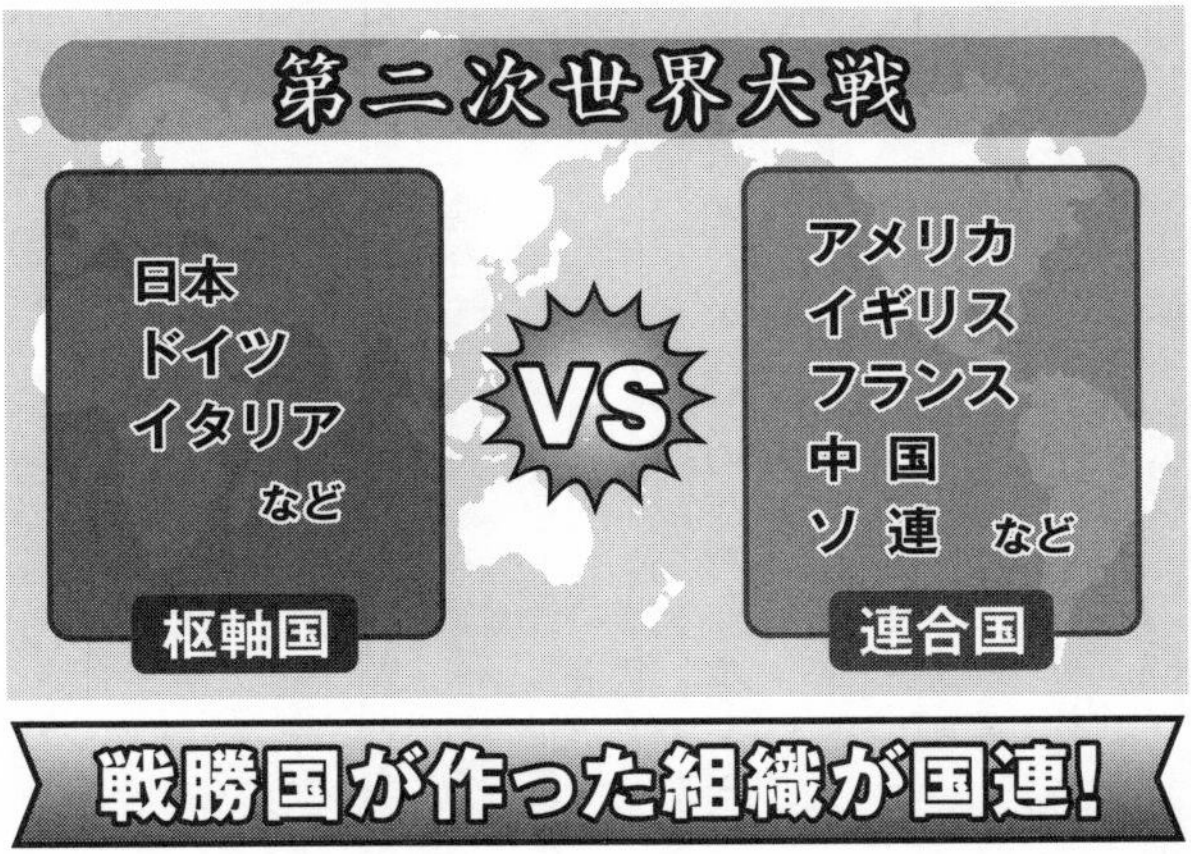

そもそも国際連合は第二次世界大戦に勝利した国によって作られた組織です。戦争で勝った国の中心メンバーで、当時の大国がこの5カ国だったことから常任理事国に選ばれました。

第二次世界大戦は、今からおよそ80年前、枢軸国と連合国と呼ばれた国々の間で戦われた戦争です。日本やドイツなど枢軸国が敗北し、アメリカ、イギリス、ソ連など連合国が勝利。勝った側の連合国が「我々が戦後の平和を守ろう！」と言って作ったのが国際連合（国連）です。

国際連合を英語にするとUnited Nationsです。しかしUnited Nationsを「国際連合」

と訳すのは日本だけと言ってもいいでしょう。これは日本独特の訳し方で、直訳すれば「連合国」にもなります。

United Nations（連合国）が作ったのがUnited Nations（国連）。戦争に勝った連合国がそのままの名前で作った組織が今の国連です。

日本は１９５６年12月に国連に加盟しました。国連に入るとき、日本が戦争で戦った相手の「連合国」に入るのでは国民に説明しにくいということで、訳語を変えることになり、これを「国際連合」と読み替えたのです。

ところで、アメリカとソ連は敵対関係にあるというイメージが強いのに、なぜ揃って常任理事国になれたのだろうと不思議に思うかもしれません。

確かに戦後は東西冷戦で長く対立しましたが、第二次世界大戦の時は協力し合う関係だったからです。当時仲が良かったのは、米ソ両国にとって共通の敵ドイツがいたからです。ソ連はドイツに攻め込まれて甚大な被害を出しながら戦い、そのソ連をアメリカは全面的に支援して協力関係にありました。

第二次世界大戦で最も多くの犠牲者を出したのはソ連です。その数、約２７００万人。これほどまでに多くの犠牲を払ってドイツに勝ち、戦争を終わらせた。その功績が認められてソ連は常任理事国入りしました。

でも、一部の国を特別扱いして拒否権を認めたら、話し合いがまとまらなくなるのは目に見えています。なぜそんな仕組みにしたのでしょうか。

拒否権がある限り国連の機能不全は続く？

国連を立ち上げるとき、拒否権という考え方が最初からあったわけではありません。ソ連が強く要求して作ったといわれています。

当時の中国は中華民国、現在の台湾ですから、社会主義ではありませんでした。そうすると、5カ国の中でソ連だけが社会主義の国ということになります。アメリカやイギリスなどから見て社会主義国は極めて異質な存在です。それはソ連も自覚していて、何か物事を決めるときにソ連だけ孤立するのではないかと恐れました。ソ連に不利なことを決められたら困ると考えて、ソ連が「拒否権を作れ」と強く要求したというのです。

この拒否権があるために、ロシアのウクライナ侵攻も北朝鮮の核・ミサイル開発も止められない現実があります。国連ができてもう80年近く。そろそろ何とかならないものでしょうか。

多くの国が何とかしなければと思っているのに変えられないのは、変えるためのハードルが高すぎるからです。

拒否権をなくそう、あるいは常任理事国を増やそうという提案をしても、そのためには国連憲章という国連にとっての憲法のようなものがあり、それを改正する必要があります。

「国連憲章の改正は、総会を構成する国の3分の2の多数で採択され、かつ、安全保障理事会の5常任理事国を含む国連加盟国の3分の2によって批准《ひじゅん》されて可能となる」（出典：国連広報センター）

このように、国連憲章を改正するには5常任理事国も含めて加盟国の3分の2以上の賛成が必要なので、常任理事国が1カ国でも「嫌だよ」と拒否権を発動すると改正できないのです。

拒否権を持つ常任理事国にしてみれば、拒否権がなくなれば自分たちが不利になるので、そんな改革には絶対賛成しないでしょう。

結局、拒否権はなくならない。なくならないから争いを止められない。国連の機能不全が続く、というわけです。

■日本の常任理事国入りは簡単ではない

2022年5月23日、訪日したアメリカのバイデン大統領は日本の常任理事国入りを支持すると発言しました。

しかしこれは、アメリカの後押しがあれば実現するというものではなく、現実にはなかなか難しい問題です。以前から「常任理事国を増やそう。日本なども加えよう」という議論はあるのですが、反対する国があって進んでいないのです。

国連の機能不全は今に始まった問題ではありません。戦後から1980年代末にかけての東西冷戦時代は、アメリカとソ連が対立していたので、国際紛争が起きると必ずどちらかの国が拒否権を発動していました。

どこかで紛争が起きれば、大抵の場合、アメリカとソ連の代理戦争のようになります。アメリカがそれをやめさせようとするとソ連が拒否権を発動し、アメリカも結構な頻度で拒否権を発動しました。

結果的に、東西冷戦時代の国連は何も決められず、「国連には何も期待できない」と言われたものです。ところが東西冷戦が終わった途端、「お互い協力し合いましょう」ということになって、近年は国連が役に立つ場面が増えてきました。

それが今回、ロシアのウクライナ侵攻で元の無力な国連に戻ってしまい、世界の人々の間で不満が高まる結果となっています。

ここまできたら、いっそのことロシアを国連から追放すればいいのにと思う人もいるでしょう。

国連憲章には「除名」の規定があり、できないことはありません。ロシアを追放するには、国連総会で決議をして3分の2以上の賛成があれば可能です。

ただ、国際社会にはロシアの仲間、中国の仲間もいるわけで、ロシア追放の決議案を国連総会に出したところで3分の2以上の賛成票を得るのは非常に難しい。逆に、追放してロシアが国連からいなくなってしまったら、どこがロシアに対して働きかけを行うのかということになってしまいます。ロシアに圧力をかけ続けていく上では、むしろ国連の中にとどまってもらったほうがいいのです。

■現実味を帯びてきた第三次世界大戦の危機

国連が機能不全に陥っている今、第三次世界大戦の可能性はかつてなく高まっています。ロシアがこのまま暴走を続けた場合、国連にこれを止める力はなく、最後は武力対武力で決着をつけるしかなくなるからです。

これまで何度も核兵器の使用をちらつかせてきたのがプーチン大統領です。ロシアは2014年にクリミアを占領し、2022年にはウクライナ東部・南部の4州を併合。いずれもウクライナや国際社会は認めておらず、不法な併合です。しかし、プーチン大統領は自分たちの領土への攻撃があった場合は核兵器を使うかもしれないと示唆し、「これは脅しではない」とまで言い切りました。

実際、2022年10月にロシア本土とクリミア半島をつなぐクリミア大橋が何者かによって破壊されると、ロシアはこれをウクライナによるテロと断定し、直後にウクライナ全土への無差別なミサイル攻撃を始め、多くの無辜《むこ》の市民を殺傷しています。

それでもウクライナ軍はひるむことなく進軍を続け、11月には南部ヘルソン州の州都ヘルソンを奪還しました。これによりロシア軍はドニプロ川東岸へ撤退を余儀なくされたのですが、一方でロシア軍によるウクライナ全土へのミサイル攻撃は激しさを増し、発電所などエネルギー関連施設が次々に破壊されました。

ウクライナの冬は寒く、電気がなければ人々は暮らしていけません。ロシアは、ウクライナの電力インフラを破壊して人々が寒さに震える状態を作り出し、戦う意欲を失わせて、ウクライナを降伏させようと考えたようです。

そうした中で起きたのが11月15日の事件です。ポーランド東部のウクライナとの国境近くの町にミサイルが着弾し、民間人2人が死亡。一気に緊張が高まりました。も

ウクライナ軍がヘルソンを奪還

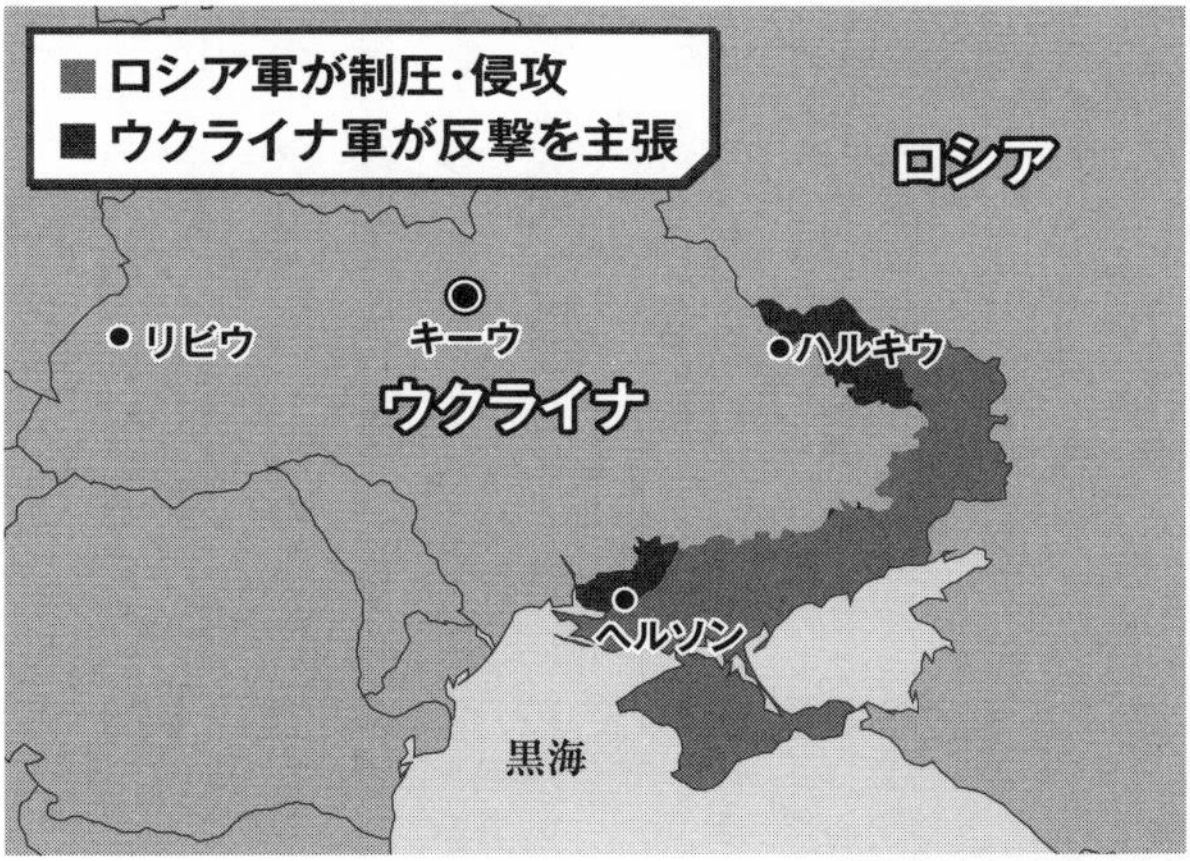

※2022年12月1日時点
出典：2022 Institute for the Study of War and AEI's Critical Threats Project

しこれがロシア軍の意図的な攻撃であれば、ロシアはNATO加盟国を攻撃したことになり、戦争の性格が一変する可能性があったからです。

　このミサイル着弾に関しては、当初、どの国が撃ったのかはっきりせず、見解が錯綜《さくそう》していました。

　ミサイルが落ちた近くにはポーランドとウクライナを結ぶ送電線があります。ロシア軍はその送電線を狙ってミサイルを発射し、それを撃ち落とそうとして発射したウクライナ軍のミサイルがポーランド領内に落ちたのではないか。今のところそのような見方が有力です。

冬の寒さが厳しくなれば、戦いはさらに激しくなります。これはなぜでしょうか。

理由は、地面が凍るからです。

秋のウクライナは長雨のため地面がぬかるんでしまい、戦車や自走砲、装甲車などが走行できなくなります。ところが、真冬には猛烈な寒さのせいで地面がカチンカチンになるのです。そうなると、重たい巨大な戦闘車両が動きやすくなり、その結果、大規模な戦闘が再開されるだろうというわけです。

この場合、どちらが有利かといえば、ウクライナです。ウクライナにはアメリカやヨーロッパ諸国から様々な装備の支援があり、厳寒にも耐えられるような服装がウクライナ軍には支給されています。そのため寒い中でも彼らは戦えます。

ところが、ロシア軍の方は経済制裁の影響で防寒服が行き渡っていないといわれています。兵士たちは寒さに震え、戦闘どころではない状態です。ウクライナ軍の進攻に備えて塹壕《ざんごう》、つまり地面に穴を掘ってその中に身を隠そうとしても、地面がカチカチに凍っていてうまく掘ることができないという問題もあります。

ということは、厳冬期に戦闘が激化すれば、ウクライナが優勢になるかもしれないということです。実際にどうなるかは何ともいえませんが、そういう見方があることは事実です。

ただ、ここで心配なのは、ウクライナが優勢になればなるほど、ロシアが核を使うリスクは高まることです。

ウクライナ軍の進撃によってロシア軍がさらに劣勢になったとき、ロシアが小型の戦術核兵器を戦場に投下しない保証はありません。

もし本当に核兵器が使われたら、アメリカは黙っていないでしょう。直接、軍事介入する可能性があります。その時、アメリカがロシアから攻撃を受ければ、他のＮＡＴＯ諸国も軍隊の派遣に踏み切るはずです。ロシア側ではベラルーシなどＣＳＴＯ諸国が加勢に入り、そうなったら、これはもうれっきとした第三次世界大戦です。

ロシアの核に対抗してアメリカが核兵器を使った場合、史上初めての核戦争となり、その結果がどうなるかは誰にも予測がつきません。これは最悪のケースです。

国連の機能不全は、アジアにも深刻な影響を及ぼしています。２０２２年秋に北朝鮮が集中的に短距離弾道ミサイルを発射したのは、金正恩《キムジョンウン》総書記が、第二次朝鮮戦争に備えている可能性もあります。

また異例の3期目を迎え権力基盤を盤石《ばんじゃく》にした中国の習近平政権は、台湾統一に向けた動きを加速させると見られています。万が一台湾有事となった時は、米中が武力衝突し、そこに日本が巻き込まれるのは確実です。

さらに恐ろしいのは、もしもアメリカが劣勢になった場合、同盟国のNATO諸国やANZUSのオーストラリア、ニュージーランドがアメリカ側に立って参戦するかもしれないことです。そうなれば「台湾有事は日本有事」どころか、これまた第三次世界大戦の引き金になり得るのです。

■戦争に負けた日本はずっと敵国のまま!?

国連に関しては、「私たちには関係ない」では済まされない大問題が残されています。国連憲章で日本はいまだに旧敵国扱いされている事実があるのです。

国連は戦勝国が作ったものなので国連憲章にも敗戦国を差別するような条文が入りました。それが旧敵国条項です。

ざっくり言うと、日本やドイツ、イタリアなど旧敵国が侵略行為を行った場合、安保理を通さなくても軍事制裁をすることができる、という内容です。

本来、どこかの国が他国を侵略すると、被害を受けた国は自衛のために戦いつつ安保理に「何とかしてほしい」と訴え、これを受けて安全保障理事会が開かれます。

ところが、旧敵国が他国を侵略したときは、侵略された側が安保理に訴えなくても、国連加盟国がそれぞれの判断ですぐ攻撃してもいいとされています。

第二次世界大戦の敗戦国のことなんかわざわざ話し合う必要はない、侵略行為を行ったら有無を言わさずやっつければいい、というわけです。

しかし、敗戦国も戦後は平和な世界を作るために努力してきました。いつまでも旧敵国扱いするのは、どう考えてもおかしな話です。日本政府は早く削除したいと考えており、国連総会で5常任理事国を含む3分の2以上の賛成があれば削除することはできます。実のところ、ほとんどの国が賛成しているのですが、削除というゴールに向けた動きは一向に進む気配がありません。

その理由として、残しておいたほうがいいと思っている国があるのではないか、という見方があります。

たとえばあの国、中国ですね。

こんなことはあってはいけないし、ないと思いたいですが、もし中国が尖閣諸島を占領するようなことがあれば、日本は当然、自国の領土ですから、反撃して奪い返そうとします。すると中国は、「尖閣諸島は中国の領土だ。そこに日本が攻めてきた。旧敵国が侵略行為を行ったのだから、中国は安保理で話し合わなくても、中国独自の判断で直接、日本に懲罰《ちょうばつ》を与えることができる」という理屈を立てて、国連の介入を阻止しようとするかもしれない。

これはあくまで理論上の話、仮定の話です。本当にそうなるかどうかはともかく、中国としては、旧敵国条項を残しておいたほうが日本を牽制することができると考える可能性はあります。

旧敵国条項とは？

**旧敵国が侵略行為を行った場合
安全保障理事会を通さなくても
軍事制裁をすることができる**

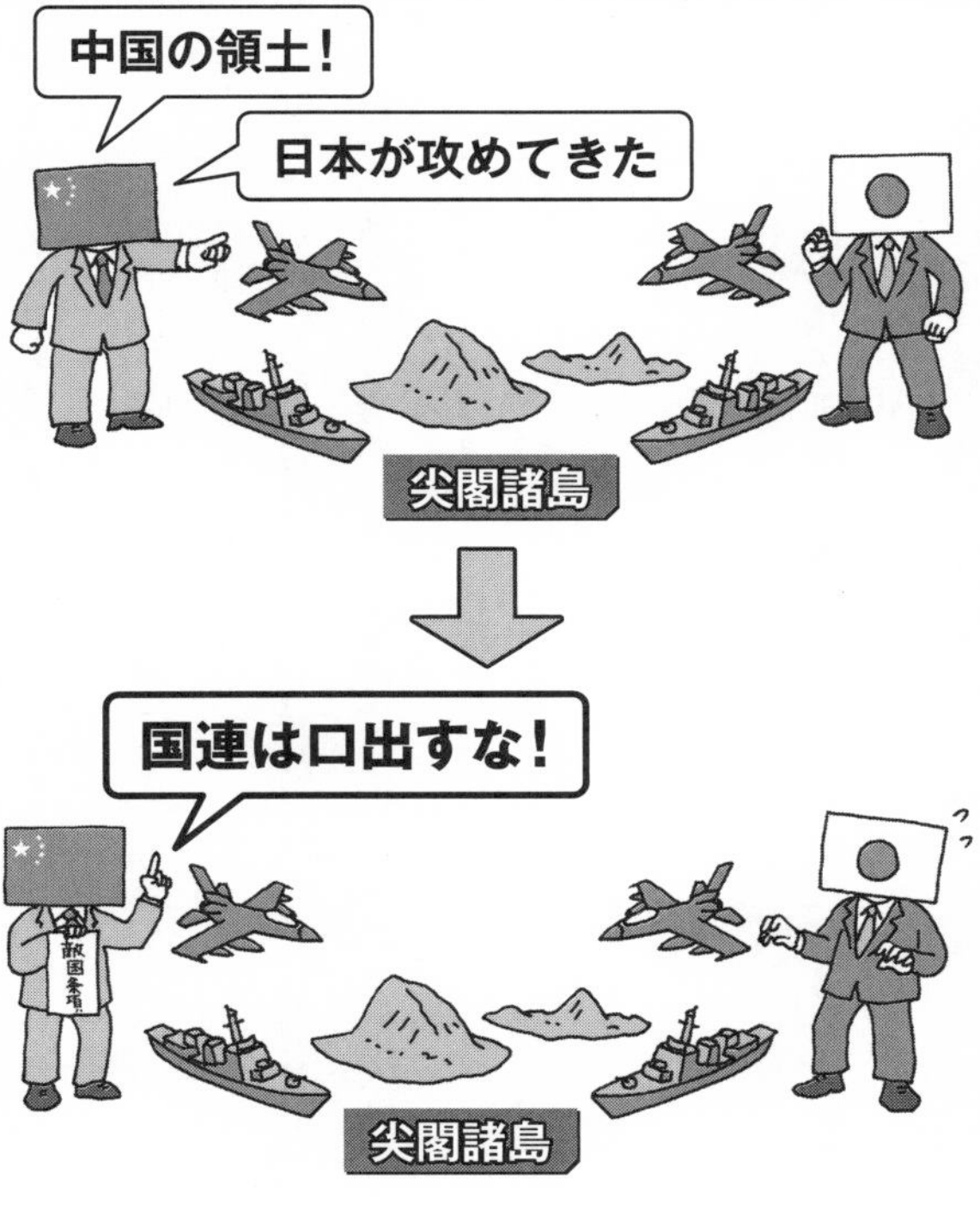

中国の領土！
日本が攻めてきた
尖閣諸島
国連は口出すな！
敵国条項
尖閣諸島

■どの国がどれだけお金を出しているの？

いろいろ矛盾もあるけれど、世界の平和を守る国連の活動はなくてはならないものです。では、そのために必要なお金は誰が出していると思いますか？

国連自体がお金を持っているわけではなく、活動資金は経済力に応じて加盟国が分担しています。ということは、一番多くお金を出しているのは、世界一の経済大国アメリカです。2位が中国、3位が日本、その後にドイツ、イギリスと続きます。

少し前は日本が2位でした。しかし、中国が急激に経済成長を遂げて世界第二の経済大国になったため、順位が入れ替わりました。

日本の分担率は約8％。日本円で年間300億円程度を負担していることになります。

日本は常任理事国ではなく、旧敵国条項の削除も実現していないのに、3番目に多い金額の分担金を負担しているのは不公平な印象を受けますよね。

本当は常任理事国の5カ国が率先して負担すべきだと思いますが、国連としては、

国連の活動資金

国連分担金（分担率）

1位	アメリカ	22.000%	常任理事国
2位	中国	15.254%	常任理事国
3位	日本	8.033%	
4位	ドイツ	6.111%	
5位	イギリス	4.375%	常任理事国
6位	フランス	4.318%	常任理事国
7位	イタリア	3.189%	
8位	カナダ	2.628%	
9位	韓国	2.574%	
10位	スペイン	2.134%	
⋮			
13位	ロシア	1.866%	常任理事国

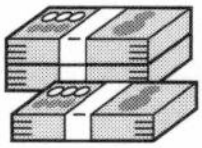

※2022年の分担率　　出典：外務省

それぞれの国の経済力に応じて、安保理だけではなく国連の様々な活動全体をみんなで支えよう、それにはお金を出せる国からたくさん出してもらおう。こういう考え方で運営しているということです。

国連職員の採用事情

分担金を多く負担する国には、それ相応の見返りがあります。せっかくお金を出しているのだから、これを活用しない手はありません。意外と知られていない裏話をご紹介しましょう。

国連には各国から採用されて働く国際公

務員、国連職員と呼ばれる人たちがいて、世界中で平和に関する活動を行っています。

そうした国連職員の採用数には枠があり、その枠は分担金の額（割合）によってある程度決まっているのです。したがって、分担金が多ければ、その国は国連職員に大勢の人を送り込むことができます。

ところが、日本は8％も負担しているのに国連職員になる人が少なく、枠に空きが出ます。その部分は他の国が埋めているのです。非常にもったいない。

国連で働くには語学力や国際的なコミュニケーション能力など様々な能力が求められるせいか、若い人たちに敬遠されているようです。

もちろん高度な知識も必要になるので、外務省は何とか日本からの国連職員を増やそうと、そのための専門コースを作るなど努力していますが、まだまだです。

国連はそれぞれの国益を超えて世界の平和のために尽くす場であると同時に、各国が国益を追求して国際社会を自国に有利な方へ動かそうと日々せめぎ合う場でもあります。矛盾するようですが、壮大な理想を追いかける一方で、一人一人は母国の国益を背負って活動する外交官でもあるのです。

是非、若い人には国連職員になってもらいたいですね。今のままでは国連職員は中国人だらけになってしまいます。何しろ中国は分担金負担率が2位。人口が多く、国連職員を目指す人は大勢います。また、国連を中国に都合の良い方へ動かそうというのが現在の中国の方針です。

中国は一党独裁の国、専制主義国家ですから、彼らに任せておくと自由・民主主義とは相容れない世界が広がる恐れがあります。そんなことにならないように、日本はもっと頑張ったほうがいいと思っています。

著者略歴

池上　彰（いけがみ・あきら）

1950年、長野県松本市生まれ。慶應義塾大学経済学部を卒業後、NHKに記者として入局。さまざまな事件、災害、教育問題、消費者問題などを担当する。1994年4月から11年間にわたり「週刊こどもニュース」のお父さん役として活躍。わかりやすく丁寧な解説に子どもだけでなく大人まで幅広い人気を得る。

2005年3月、NHK退職を機にフリーランスのジャーナリストとしてテレビ、新聞、雑誌、書籍、YouTubeなど幅広いメディアで活動。

名城大学教授、東京工業大学特命教授など、11大学で教える。

おもな著書に『伝える力』シリーズ（PHPビジネス新書）、『知らないと恥をかく世界の大問題』シリーズ（角川SSC新書）、『なんのために学ぶのか』『20歳の自分に教えたいお金のきほん』『20歳の自分に教えたい現代史のきほん』（SB新書）など、ベストセラー多数。

番組紹介

池上彰のニュース そうだったのか!!

最近大きな話題となっているニュースの数々、そして今さら「知らない」とは恥ずかしくて言えないニュースの数々を池上彰が基礎から分かりやすく解説します！ニュースに詳しい方も、普段はニュースなんて見ない、という方も「そうだったのか！」という発見が生まれます。土曜の夜はニュースについて、家族そろって学んでみませんか？

- テレビ朝日系全国ネット
  土曜よる８時～放送中
- 〈ニュース解説〉池上 彰
- 〈進行〉宇賀なつみ

■本書は、「池上彰のニュースそうだったのか!!」(2022年3月19日、4月23日、5月14日、5月28日、6月11日、6月18日、8月13日、12月3日)の放送内容の一部から構成し、編集・加筆しました。

SB新書　609

第《だい》三《さん》次《じ》世《せ》界《かい》大《たい》戦《せん》　日《に》本《ほん》はこうなる

2023年 3月15日　初版第1刷発行
2023年 4月28日　初版第5刷発行

著　者　池上《いけがみ》 彰《あきら》 ＋「池上彰《いけがみあきら》のニュースそうだったのか!!」スタッフ
発行者　小川 淳
発行所　SBクリエイティブ株式会社
〒106-0032 東京都港区六本木2-4-5
電話:03-5549-1201(営業部)

装　幀　杉山健太郎
本文デザイン DTP　株式会社ローヤル企画
図版作成　株式会社キャップス
編集協力　渡邊 茂
イラスト　堀江篤史
写　真　テレビ朝日
共同通信
PIXTA
カバー・帯写真　伊藤孝一(SBクリエイティブ)
印刷・製本　大日本印刷株式会社

本書をお読みになったご意見・ご感想を下記URL、
または左記QRコードよりお寄せください。
https://isbn2.sbcr.jp/18551/

落丁本、乱丁本は小社営業部にてお取り替えいたします。定価はカバーに記載されております。
本書の内容に関するご質問等は、小社学芸書籍編集部まで必ず書面にて
ご連絡いただきますようお願いいたします。

ISBN　978-4-8156-1855-1